U0080017

祖德光輝與余革命生平

郭斌將軍回憶錄

My Revolutionary Life: Reminiscences of General Kuo Pin

原著／郭　斌　Kuo Pin

主編／楊善堯　Yang Shan-yao

翻譯／廖彥博　Liao Yen-po

喆閎人文

目次

CONTENTS

郭斌將軍民國 31 年（1942）榮升少將戎裝照
（時任國民政府軍事委員會調查統計局設計委員兼總務處長）

Photograph of General Kuo Pin in military attire
(taken in 1942, after being promoted to major general and
director of general affairs and council member of the National
Bureau of Investigation and Statistics)

郭家十七世祖諱福臻公（郭斌祖父）

Portrait of Kuo Fuzhen, General Kuo's grandfather

民國 18 年（1929）郭斌於中原大戰中參與討伐
唐生智時受傷，在徐州基督醫院治療時留影。

Taken in Xuzhou Christian Hospital in 1929, General Kuo
was hospitalized there after he was wounded in battles against
warlord Tang Shengzhi during the Central Plains War.

郭斌將軍
General Kuo Pin

民國 34 年（1945）4 月 3 日，陪同軍事委員會委員長蔣中正參觀
中美特種技術合作所、特警班鍾家山所及本部所屬各單位實際情況
（第二排右 2 為郭斌）。

April 3, 1945, General Kuo Pin (second row, second from the right) accompanied
Generalissimo Chiang Kai-shek to inspect the Sino-American Cooperative Organization
and special police training class.

郭斌將軍全家合照
後排由左至右：郭慶生、郭港生、郭宜生、郭杭生；
前排由左至右：陳芬、郭龍生、郭斌將軍

General Kuo Pin's family portrait
Back Row (left to right): Ching-Sheng (Robert), Kang-Sheng (Eddie), Yi-Sheng and Harng-Shen;
Front Row (left to right): Chen Fin, Lung Shen (Kathy), and General Kuo.

郭斌將軍全家福，攝於南京。
玩具吉普車上：郭杭生（前）、郭龍生（後）；
玩具轎車上：郭慶生（前）、郭港生（後）；
玩具飛機：郭宜生；
後排大人由左至右：夫人陳芬、陳芬弟媳婦和小孩、陳芬母親、郭斌將軍

General Kuo Pin's family photograph (taken in Nanjing)
In Jeep: Harng-Shen (front), Lung Shen (back);
in Car: Ching-Sheng (front), Kang-Sheng (back);
and in Airplane: Yi-Sheng.
Back (left to right): Chen Fin, her sister-in-law and child, Chen's mother, and General Kuo.

郭斌將軍子女
由左至右：郭慶生、郭龍生、郭杭生、郭港生、郭宜生
Left to right: Ching-Sheng (Robert), Lung Shen (Kathy), Harng-Shen, Kang-Sheng (Eddie), and Yi-Sheng

郭斌將軍全家福
後排由左至右：郭港生、郭慶生、郭宜生、郭杭生
前排由左至右：郭龍生、夫人陳芬、郭斌將軍

General Kuo Pin's family portrait
Back Row (left to right): Kang-Sheng (Eddie), Ching-Sheng (Robert), Yi-Sheng, and Harng-Shen;
Front Row (left to right): Lung Shen (Kathy), Chen Fin, and General Kuo.

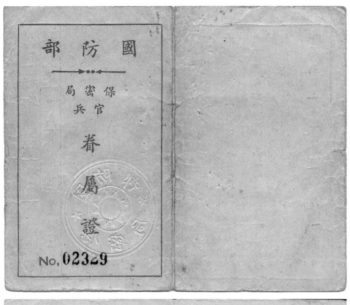

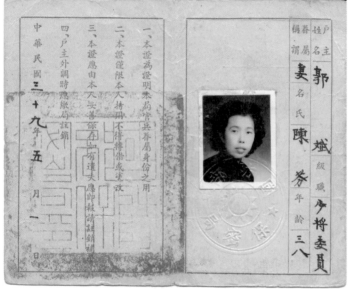

民國 39 年（1950）由國防部保密局核發之陳芬眷屬證

Issued by The Counterintelligence Bureau under the Ministry of Defense,
General Kuo's dependent certificate for Chen Fin.

郭斌將軍夫婦送長子郭杭生赴美時留影（約攝於 1963 年）

General Kuo Pin and his wife took a photo when sending off their eldest son
Harng-Shen to the United States (ca. 1963).

郭斌將軍全家於送別長子郭杭生赴美時留影（約攝於 1963 年）
由左至右：郭港生、郭龍生、陳芬、郭杭生、郭斌將軍、郭宜生、郭慶生

Taken from Harng-Shen's sendoff to the United States (ca. 1963)
Left to right: Kang-Sheng (Eddie), Lung Shen (Kathy), Chen Fin, Harng-Shen,
General Kuo, Yi-Sheng, and Ching-Sheng (Robert).

郭斌將軍夫婦送長子杭生赴美時與親戚黃家留影（約攝於 1963 年）
外甥黃仁奎一家：妻黃林仁香及孩子：黃民英、黃梅英、黃蘭英（Heidi）、
黃季蘭（Judy）、黃季英（Joyce）

Taken from Harng-Shen's sendoff to the United States (ca. 1963)
Extended family including cousin Ren-Quay Hwang family: Hwang's Wife, Ren-Shang Hwang, and
his children: Min-Ying, May-Ying, Lan-Ying (Heidi), Ji-Lan (Judy), Ji-Ying (Joyce).

郭斌將軍夫婦與二子合影
後排：郭宜生（左）、郭港生（右）

Front: General Kuo and Mrs. Kuo
Back (left to right): Yi-Sheng and Kang-Sheng (Eddie)

1967 年 6 月 18 日，郭將軍夫婦與甫訂婚之
楊旭香（後左）和郭港生（後右）合影。

On June 18, 1967, General Kuo and Mrs. Kuo took a photo with
newly engaged Kang-Sheng (Eddie) and Yang Hsu Hsiang (Susan).

郭斌將軍與長孫女 Barbara 攝於臺北市木柵自宅（約 1969 年）

General Kuo Pin and his eldest granddaughter Barbara (ca. 1969),
Kuo's residence in Muzha, Taipei City.

郭斌將軍與夫人陳芬
General Kuo and Mrs. Kuo

郭斌將軍夫婦攝於臺北市木柵郭家
General Kuo and Mrs. Kuo, taken at Kuo's residence in Muzha, Taipei City.

郭斌將軍夫婦

General Kuo and Mrs. Kuo

郭斌將軍夫婦攝於臺北市木柵區自宅
General Kuo and Mrs. Kuo, taken at Kuo's residence in Muzha, Taipei City.

郭斌將軍在臺北市總統府前留影
General Kuo posed for a photo in front of the
Presidential Office Building in Taipei City.

郭斌將軍家族三代合影，1972 年 3 月 11 日攝於臺大醫院，時值長子自美歸國探親。
中排由左至右：長子郭杭生、郭斌將軍夫婦、女婿施慶嘉
後排由左至右：兒子郭慶生和媳婦蔡月明、兒子郭港生和媳婦楊旭香、女兒郭龍生、
兒子郭宜生和孫 Peter 及媳婦蘇鳳芝；
前排由左至右：長孫女 Barbara、長孫 Paul、孫 Jack、外孫女 Lily、外孫 David

Three generations of General Kuo Pin's family photo, taken at National Taiwan University Hospital on March 11, 1972, when the eldest son returned from the United States to visit his parents.
Middle Row (left to right): eldest son Harng-Shen, General Kuo and Mrs. Kuo, son-in-law Shih Ching Chia (C.C.).
Back Row (left to right): Son Ching-Sheng (Robert) and his wife Tsai Yueh-Ming (Anne), son Kang-Sheng (Eddie) and his wife Yang Hsu Hsiang (Susan), daughter Lung Shen (Kathy), son Yi-Sheng and grandson Peter, daughter-in-law Su Feng Tzu (Susie);
Front Row (left to right): eldest granddaughter Barbara, eldest grandson Paul, grandson Jack, granddaughter Lily, grandson David.

郭斌將軍夫婦和兒孫，攝於臺北市木柵郭家（1971 or 1972）。
前排孫輩由左至右：Barbara、Jack、Peter、David、Lily、Paul

General Kuo and Mrs. Kuo and their grandchildren (ca. 1971 or 1972),
Kuo's residence in Muzha, Taipei City.
Left to Right: Barbara, Jack, Peter, David, Lily, and Paul

郭斌將軍的鯉魚池，攝於臺北市木柵區郭家。
General Kuo Pin and his koi pond at Kuo's residence in Muzha, Taipei City.

郭斌將軍和兒子郭慶生，攝於臺北市木柵郭家。

General Kuo Pin and his son, Ching-Sheng (Robert),
taken at Kuo's residence in Muzha, Taipei City.

郭斌將軍夫婦與家人，攝於臺北市木柵郭家柏園。
後排（由左至右）：楊旭香、郭港生、郭慶生

General Kuo and Mrs. Kuo with their sons, Kang-Sheng (Eddie), Ching-sheng (Robert), and daughter-in-law Yang Hsu Hsiang (Susan), at Kuo's residence in Muzha, Taipei City.

郭斌將軍墓碑上遺照
General Kuo Pin's tombstone photo

郭斌將軍夫人陳芬女士，
攝於美國舊金山灣區（約 1988 年）。
General Kuo's wife, Chen Fin,
taken in San Francisco Bay Area (ca. 1988)

郭斌將軍子女，攝於美國舊金山灣區（約 2000 年）。
前排（左至右）：郭龍生、郭杭生；後排（左至右）：郭港生、郭宜生、郭慶生

Front (left to right): Lung Shen (Kathy), Harng-Shen;
Back (left to right): Kang-Sheng (Eddie), Yi-Sheng, and Ching-Sheng (Robert);
taken in San Francisco Bay Area (ca. 2000s).

郭斌將軍長子郭杭生夫婦與回憶錄原稿合影
（2022 年 10 月 18 日攝於美國舊金山灣區自宅，郭杭生於 2023 年辭世。）

Original manuscript kept by General Kuo's eldest son, Harng-Shen Kuo, who passed away in 2023.

郭斌將軍後代家庭成員，2022 年 6 月 3 日攝於美國加州舊金山灣區。
前排左起：媳婦楊旭香、兒子郭港生、長子郭杭生、媳婦張慶娟、媳婦蔡月明、兒子郭慶生；
後排：孫女 Barbara、孫女 Angel、孫女 Jenny、Jenny 先生 (Tom)、孫 Paul 和太太 (Susan) 和孩子們 (Regan, Will, Ramie, and Pierce)、曾孫 Isabella、Nicholas、孫 Peter 和太太 (Kim) 及女兒 (Anna)、外孫女 Lily。

Family members of General Kuo Pin in San Francisco Bay Area on June 3, 2022.
Front Row (left to right): son Eddie and his wife Susan, eldest son Harng-Shen and his wife Jean, son Robert and his wife Anne.
Back Row: granddaughter Barbara, granddaughter Angel, granddaughter Jenny and her husband Tom; grandson Paul, Paul's wife Susan, and their children (Regan, Ramie, Pierce, and Regan's husband Will); Angel's children Isabella and Nicholas; grandson Peter, Peter's wife Kim, and their daughter Anna; granddaughter Lily.

郭斌將軍家庭代表和史丹佛大學胡佛檔案館林孝庭博士回憶錄原始稿捐贈聚餐，
2023 年 11 月 21 日攝於舊金山灣區。
後排：Barbara（左二）、Jack（左三）、林孝庭博士（中）、Angel（右三）
前排：Steve（左二）、郭港生（中）、張慶娟（右二）、蔡月明（右一）

On November 21, 2023, members of General Kuo Pin's family donated the original manuscript to Dr. Hsiao-ting Lin from Hoover Archive at Stanford University and dined together in San Francisco Bay Area.
Back: Barbara (left 2nd), Jack (left 3rd), Dr. Lin (center), Angel (right 3rd);
Front: Steve (left 2nd), Eddie (center), Jean (right 2nd), Anne (right 1st).

前言

古人云：「人生如一場春夢」，歲月催人，轉瞬間吾儕之年將屆，緬懷既往，感慨良多！溯余自參加東征（廣東東江）戰事結束後，考入黃埔（址在廣東）陸軍之官學校第五期畢業，歷經參与北伐、剿匪、抗戰諸役，轉戰南北，嘗以岳武穆滿江詞：「莫等閒，白了少年頭，空悲切！」之豪語自勖；故率領師干，均能身先士卒，克敵致果。嗣後參与「戴雨農先生領導之特種工作」，雖本身對革命事業建樹異多，然風庬匪僻，為党為國始終末敢妄自菲薄。茲為使兒孫輩明瞭先世淵源，及余一生獻身革命事蹟，鑑往知來，爰憑記憶所及撰寫：「祖德光輝与余之革命生平」一文，以垂久遠。

郭斌將軍回憶錄手稿

Calligraphic manuscript of General Kuo Pin

余姓郭，名斌字國賓，学名柏興，原名寒青，別號乙里譜，名鴻智於中華民國紀元前七年（即前清光緒三十一年乙巳，即公元一九〇五年）農曆五月二十四日未時生於福建省龍巖縣內江山社外山鄉下寨祖宅，時值清廷內政腐敗，外侮日亟，國家民族危難之秋，原祖籍山西省汾陽縣（即清代汾州府治），系出唐代福將郭令公諱子儀公之後裔，自南宋咸淳年間（即民國紀元前六四七年乙丑即公元一二六五年）始遷祖諱鉉公諱鍊公兄弟倆及諱均賢公肇食以故土雖俗稱五座連城形势究困，為晉西一大都會但兵燹年年盗賊蠢起民不聊生深以為苦，為子孫前途計遂決定由晋南走入赣閩邊之箭竹再循山路越「王母點兵」山西至閩之西南龍巖縣（清代雍正十二年升為直隸州治）城瀕龍川北岸，包絡叢山之中山高谷深蹊徑迂

假退政後感賦

多難興邦六六年，飽經世變憶顛連。
雄心似箭滅妖匪，六六年老萊如虹盈日邊。
谷讀陰符曾剌股，今日地讎未彔田。
神州待復難消恨，今日地讎收京著急鞭。
山河變色嘆前功，身世浮沉類顛蓬。
大陸饑饉幾瘦鶴，神州浩劫多哀鴻。
內愛冰患須磨勵，北伐東征一梦中。
百感難忘家國恨，未酬壯志一簑翁。

民國三十二年開羅會議感賦

一代英雄各白頭，當此眦高。
會比蔡丘亞歐，并重抗戰慢。
略約仍冷三章崇，自由百祇戰。
凶滬仍冷三章。
瀛洲米拿客舍十年，勝利回首拒。
霓迟狼感未休。

郭斌將軍手稿

Calligraphic manuscript of General Kuo Pin

（二）內勤各單位負責人一覽表

組織及職別	姓名	年齡	籍貫	出身	參加工作年月	備攷
秘書 主任	鄭介民	四〇	廣東	軍校二期	二十一年四月	
代理秘書主任	毛人鳳	三九	浙江	上海復旦大學	二十三年八月	
秘書	潘其武	三六	湖南	北平交通大學	二十四年四月	
	李崇詩	三六	湖南	軍校六期	二十五年九月	
	徐業道	四五	湖南	北京法政專校	二十三年十月	
	余鏗	四三	江蘇	中國公學	二十三年五月	
	劉啟瑞	四〇	安徽	北京大學	二十二年十二月	
	石樹勲	三七	湖南	軍校六期	二十七年三月	
書記室 第一科（文書）科長	毛人鳳					見前
第二科譯電科長	夏天放	三九	浙江	寧波省立四中	二十一年九月	
第三科編製科長	劉啟瑞					見前
第四科總務科長	楊隆祐	三九	湖南	北平鹽務專門學校	二十七年四月	調任貴陽辦市處主任
代第四科科長	郭斌	三三	福建	軍校五期	二十二年九月	
第一處（管理） 處長	趙世瑞	三四	浙江	軍校四期	二十一年三月	
第一科（人事）科長	李肖白	三二	湖南	軍校六期	二十一年七月	
第二科（調査）科長	鄭錫麟	三五	四川	軍校六期	二十一年七月	
第三科交通科長	胡子萍	三四	浙江	軍校六期	二十三年十二月	
第四科（等卷）科長	羅傑	三八	四川	興國警官大學	二十七年七月	

一三

18　　60075

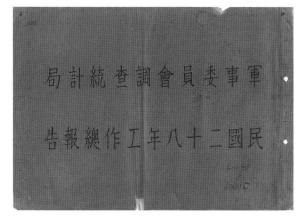

「一般資料—軍事委員會調查統計局工作報告」
（1939 年），〈特交檔案〉
Working report of 1939

《蔣中正副總統文物》 *Chiang Kai-shek Collections*
典藏號 Archive No.：002-080200-00612-001
圖片：國史館 photo courtesy of Academia Historica

民國 28 年（1939），軍事委員會調查統計局內勤組織系統圖及載有郭斌任秘書室第四科（總務）科長等負責人一覽表。

In the 1939 organizational chart of the headquarters of the Juntong, General Kuo Pin served as the chief of the fourth section of the Secretariat at the headquarters.

69074

內勤組織系統圖（一）

一、組織人事

部本局

局長　副局長

主任秘書

秘書處

　第一科（文書）
　第二科（議事）
　第三科（編譯）
　第四科（醫療）

督導室

　第一科（人事）
　第二科（訓練）
　第三科（通信）
　第四科（國際）

第二處（情報）

　第一科（軍事）
　第二科（疾治）
　第三科（國際）

第三處（行動）

　第一科（行動）
　第二科（防諜）
　第三科（偵查）

設計委員會

技術研究室

會計室

督察室

序言

林孝庭

史丹佛大學胡佛研究所研究員
胡佛檔案館東亞館藏部主任

胡佛研究所由美國第 31 任總統的赫伯特胡佛 (Herbert Hoover) 於 1919 年在其母校史丹佛大學內創立，最初創辦宗旨，在於收藏第一次世界大戰相關的檔案圖書文獻，並召募專業研究人員，利用這些文獻進行有關戰爭、革命與和平的相關研究，後來史料收藏範圍逐漸擴大，研究領域也擴展至研究世界各國政治體制、社會制度、意識形態與經濟政策的重大變遷。研究所創立至今已超過一百年，檔案館館藏範圍涵蓋全世界五大洲、總數量超過六千萬份，其中與近代中國與二次戰後臺灣歷史有關的歷史文獻收藏，不論在收藏的數量與史料的獨特性方面，更是受到世人所矚目，個人與組織機構專檔收藏總數已經超過上千，這些檔案的公開，不但見證近代中國的發展脈絡，同時也豐富了吾人對於過往歷史的理解，同時為後代保存珍貴史料。與此同時，西方社會想要了解中國大陸、臺灣與兩岸關係問題，透過對中國近代史的理解乃是一個重要途徑，胡佛檔案館收藏包括蔣介石、蔣經國兩位中華民國最高領導人私人日記等珍貴史料，這些重要文獻資料，相當程度也形塑了美國智庫、學界乃至政界決策圈對於中國問題

的觀點，而華裔人士在美國的地位，某種程度上不光是美國國內的問題，同樣也受到國際政治、外交，以及諸多歷史遺緒的影響。

2022 年本人有幸於與定居加州舊金山灣區的郭慧筠 (Barbara Kuo) 女士結識，彼此討論由胡佛檔案館永久保存郭女士祖父郭斌將軍手稿文物相關事宜，在郭女士與其家族熱心支持下，郭斌將軍的專檔於 2023 年秋天正式成為胡佛檔案館近代中國館藏的一部分。郭斌先生畢業於黃埔軍校第五期，之後追隨蔣介石委員長參與東征、北伐大小戰役，1933 年起追隨戴笠將軍，加入軍統行列，抗戰時期多次出生入死，甚至曾遭日軍拘捕，驚險脫逃，抗戰勝利後投入接收上海之重責，並於 1949 年之後隨中華民國政府轉進臺灣，擔任國防部保密局設計委員。郭斌將軍的一生，可謂近代中國歷史的一個縮影，身為情報工作人員，郭將軍言行異常謹慎，其生前所留下的這份珍貴手稿，對於吾人理解近代中國軍事情報工作歷史，當有重要參考價值。

與此同時，為了便利定居美國的諸位郭斌將軍後人理解手稿內容，由楊善堯博士主持的喆閎人文工作室全力策畫將此份珍貴手稿進行部分英文翻譯出版，並且收錄家屬珍藏之照片。我個人認為，史料價值之所在，在於能夠被充分發掘、研究與利用，並且作為學術研究成果未來得以繼續不斷向前推進的扎實基礎，郭斌將軍手稿的出版，是胡佛檔案館與喆閎人文工作室之間合作所跨出的一小步，期待未來彼此能夠繼續攜手合作，出版更多重要史料，以嘉惠海內外近代史研究者，讓近代中華民國與戰後臺灣的歷史研究更加豐富與多元化。

Lin Hsu

FOREWORDS

The Hoover Institution was founded in 1919 by Herbert Hoover, the 31st President of the United States, at his alma mater, Stanford University. Its original purpose was to collect archives and documents related to the First World War and to convene professional researchers to use these documents to conduct relevant studies on war, revolution, and peace. Later, its collection gradually expanded, and the fields of research also expanded to the study of major changes in political systems, social systems, ideologies, and economic policies of various countries around the world. It has been more than a hundred years since the institution was founded. It collected archives from five continents around the world, with a total number of more than 60 million items. Among them, those related to the history of modern China and Taiwan after World War II are renowned for both their enormous quantity and uniqueness. There are thousands of special files about individuals and organizations. These documents reflect the development of modern China. The disclosure of them enriches our understanding of the past and preserves precious historical materials for future generations.

Understanding modern Chinese history is a vital way for the West to realize issues on mainland China, Taiwan, and cross-strait relations. The Hoover Archives collects valuable historical materials including diaries of Chiang Kai-shek and Chiang Ching-kuo, the two top leaders of the Republic of China. These important materials have to some extant shaped the views of American think tanks, academic society, and even political decision-making circles on

China issues. The status of Chinese Americans is, to some degree, not only a domestic issue in the United States, but also affected by international politics, diplomacy, and historical elements from the past.

In 2022, I was fortunate to became acquainted with Ms. Barbara Kuo, who lives in the Bay Area, California. We had discussions about the permanent preservation of the manuscript and other relics of Ms. Kuo's grandfather, General Kuo Pin (Guo Bin), in the Hoover Archives. With the full support of Ms. Kuo and her family, the personal papers of General Kuo Pin officially became part of the modern China collection in the Hoover Archives in the autumn of 2023. Graduated from the fifth term of the Whampoa (Huangpu) Military Academy, Kuo engaged in the Eastern Expedition and later the Northern Expedition under the command of Generalissimo Chiang Kai-shek. In 1933, he was recruited by General Dai Li to join the Bureau of Investigation and Statistics (*Juntong*). During the War of Resistance against Japanese Invasion (1937-1945), he was close to death many times and barely escaped from the Japanese arrest. After victory of the War, he shouldered the responsibilities of taking over the city of Shanghai. After following the government of Republic of China to retreat to Taiwan in 1949, he was designated one of the committee members of the Counterintelligence Bureau under the Ministry of National Defense. Life of General Kuo is part of modern Chinese history. As an intelligence officer, General Kuo was extremely cautious in his words and deeds. This precious manuscript he left behind is valuable for our understanding of the history of modern Chinese military intelligence.

In order to help General Kuo's descendants in the United States to understand the content of the manuscript, the Zhehong Humanities Studio operated by Dr. Yang Shan-yao published the full text of this precious manuscript (with English summary and precious Kuos' family photos). Value of historical materials lies in the exploration, investigation, and utilization of them. They should be transformed into academic results and served as the solid foundation for further achievements in the future. The publication of General Kuo Pin's manuscript is a small step for the cooperation between the Hoover Archives and Zhehong Humanities Studio. I look forward to working together for more projects on the publication of significant historical documents to benefit researchers on modern history. Hopefully this will enrich and diversify the studies on the history of the Republic of China and post-war Taiwan.

Lin, Hsiao-ting
Research Fellow and Curator of modern China and Taiwan
collection at the Hoover Institution, Stanford University

序言

郭慧筠

家屬代表 / 郭斌將軍長孫女

　　在我成長的過程中，常感若有所失。當人們詢問起我的家世時，我往往沒有太多可以分享。記憶裡祖父曾是一位將軍，畢生致力於為中華民國效力，我僅知的家庭故事限於父親和他的兄妹們在當時動蕩不安的年代中，都是根據出生地的城市來命名的。在我人生的這個階段，出版這本書是我能夠想到的幾件有意義的事情之一。這本書將郭氏家族過去、現在與未來幾代人的故事連結起來，它講述了祖、父兩代人如何篳路藍縷，來到美國所做的奉獻與犧牲。這是關於我和我家族的故事。

　　做為祖父的第一個孫女，他本希望我是個男孩，因此家人們暱稱我為鮑比。我出生後的六個月，成為了家庭的焦點。母親經常提起，祖父母如何抱著我乘坐計程車，只為了讓我停止哭泣的故事。祖父會帶我到他珍愛的禪宗花園工作，我依稀記得他將魚舀到大桶中，清理鯉魚池的情景。這段回憶和幾張全家福，是對祖父留下的少數記憶。我四歲多時，祖父就過世了，當時的我覺得他是第一個深深疼愛我的人。現在我終於明白，自那以後就一直承受著失去祖父的哀傷和思念。我意識到，這種深刻的感情一直存在，即使在成長過程中我未曾意識到，也從未允許自己去感受它。

現在，我將這份思念轉化為動力，與家人一起紀念祖父，讓那些未曾見到祖父的後輩也能了解他的豐功偉業。祖父的生平將成為我們海外下一代家庭歷史的座右銘。我們已將回憶錄原始稿件捐贈給史丹佛大學，由胡佛研究所圖書館和檔案館保存，我非常感激有貴人相助，將祖父的回憶錄出版成書。特別感謝史丹佛大學胡佛檔案館林孝庭博士建議與轉介，以及喆閱人文工作室的楊善堯博士與我合作，完成了這個特別項目。

FOREWORDS

I've always felt like there was something missing in my life growing up. When people asked about my family background, I had very little to share. I knew my grandfather was a general and worked for the Chinese Nationalist Party (Kuomintang). The only family story I knew was that my father and his siblings were named after the cities they were born in. At this stage of my life, this book project is one of the few meaningful things I can think of doing. My grandfather's manuscript, as told in his own words, is the missing link connecting the past, current, and future generations of Kuos. It is a gentle reminder of the sacrifices our grandparents and parents made to bring us to America. This is part of my story and who I am.

I was the first grandchild of my grandfather who wished I was a boy, hence I was nicknamed Bobbie. For the first six months of my life, I was the center of attention. My mother used to tell the story of how my grandparents took me out for taxi rides so I'd stop crying. My grandfather would take me with him to work on his precious Zen garden. Vaguely I have images of my grandfather cleaning the Koi pond after scooping out the fish into a large tub. That's the only memory I have of my grandfather along with a few family photos. My grandfather passed away after I turned 4 years old. My younger self felt my grandfather was the first person who loved me unconditionally. I'm realizing now I've carried the grief of losing my grandfather ever since, but I was not aware of it, and I certainly did not allow myself to feel it.

Now I am turning this grief into purpose by celebrating my grandfather with my family, especially those who did not have the chance to meet him in time. My grandfather's words and experiences will become part of the family history that shapes us moving forward. The family has donated the original manuscript to Stanford University for retention by the Hoover Institution Library and Archives. I am grateful to Dr. Hsiao-ting Lin of Hoover Archives and Dr. Shan-yao Yang of Zhehong Humanities Studio for working with me on this special project.

Barbara Kuo

導讀

楊善堯

喆閎人文工作室創辦人暨執行長
國防醫學院通識教育中心兼任助理教授

　　中國現代史（民國史）之所以令人著迷之處，除了是距離我們現今所處的當下時空不遠，得以有所記憶上的連結外，更重要的是一直不斷地有無窮無盡的檔案史料被挖掘整理出來，進而呈現於世人的面前，這些檔案史料的紀錄更是我們得以盡可能地還原出當年歷史原貌的最佳利器。近代以來，許多知識份子、政要、官員、軍人等都有留下其個人史料的習慣，如私人日記、書信函札、文章文集、回憶錄等，這些從個人觀點視角出發的史料，更是可以補足官方檔案的不足，進而豐富其所記錄的歷史面貌。郭斌將軍（以下為行文方便，皆以其名稱呼）在民國 58 年（1969）所完成之《祖德光輝與余革命生平》回憶錄，正是記錄下其一生精采的從軍生涯。

　　郭斌，生於清末光緒 31 年農曆 5 月 24 日，福建省龍巖縣人。幼年先入家鄉私塾學習四書五經等傳統儒家經典，民國之後，再入新式教育的小學、中學就讀，學習科學、算數、英文等新知。因學習期間受到國父孫中山先生的感召，於廈門祕密加入了中華革命黨，學成畢

業後，遂有從軍報國的想法。在去信稟明家中祖父與父親後，即前往廣州報考開成立的黃埔軍校，可惜郭斌到廣州後，因陳炯明與商團事件，導致黃埔軍校招生時間不定，但其已打定主意要報考軍校，遂先於教導團中工作，伺機待招生時再行報考。民國 15 年（1926）黃埔五期招生，郭斌前往報考，但同時也報考了李濟琛所創辦第四軍軍官學校以及雲南講武堂，放榜後三個軍校皆錄取，最終決定就讀黃埔軍校，經過一年多的訓練後，於隔年 8 月 15 日畢業，正式踏入了軍旅生涯。

在國民革命軍北伐與爾後的中原大戰、圍剿共匪（軍）的軍事行動中，郭斌皆立有戰功，軍階也隨著歷次戰役的成功而有所提升，但也數次因戰爭關係身受重傷，之後在胡宗南的介紹下，認識了當時還是特務處時期的戴笠，至此與其結下深厚的緣分，也由於其認真負責的態度，直至戴笠逝世前，不論是特務處，還是後來軍事委員會調查統計局，甚至是抗戰期間的中美特種技術合作所等情報機關，戴笠皆讓郭斌負責較為核心的總務工作以及戴笠個人的侍從副官工作，可見對其之信任，這點，除了郭斌回憶錄所記錄之內容外，在國史館所典藏亦收錄部分手稿原件於本書的《戴笠史料》中，亦可找到許多戴笠寫給郭斌的親筆書信，其內容更可以證實兩人之間的親近與信任關係。根據郭斌晚年的回憶：「復得胡宗南、戴雨農兩位學長之啟迪，故能淬勵奮發，勇往直前；因之半生戎馬，竭智盡忠，其能善盡匹夫之責，且對國家民族稍有貢獻，並獲鄉黨朋儕輩交相推譽者，決非倖致！」可見郭斌一生中對於胡、戴兩位人物之推崇，尤其觀其對於戴笠罹難後的回憶記述，更是感其情感之深。

在郭斌回憶錄中，大量且詳實的記載了軍統局從抗戰爆發前的南京到抗戰期間在漢口、重慶、香港等地執行工作的過程，尤其對於中

美特種技術合作所的成立始末與美方來華人員，更是逐一詳實記錄下
了這些過程，對於整個抗戰期間軍統局的情報工作的發展，提供了最
新的一手史料，也是這本回憶錄中最為精采的部分，更是可以補足目
前研究抗戰情報工作相關主題所不足的內容。

　　民國 38 年（1949）攜眷來臺後，短暫仍回到由軍統局改制後的
保密局任職，但沒多久後於 43 年（1954）即報准退役。但由於情報
人員的身份特殊，當時蔣中正總統批示：「凡參加保密局工作同志，
是終身職務，礙難照准，可改為聘任設計委員，參加研究敵後工作。」
所以雖是退離軍職，但還是得由行政院國軍退除役官兵輔導委員會輔
導至臺灣省政府交通處公路局擔任顧問。而退役後的郭斌，除了在家
中享受退休生活與參與黨務工作外，也曾參與在中央廣播電臺的「國
民革命」的節目，該節目主要是加強對曾在黃埔軍校畢業或肄業之投
共幹部，以及投共國軍將領，實施指名廣播，其中郭斌就曾在廣播節
目上對陳明仁、王耀武、唐生明三位過去的同學發表過廣播工作。

　　綜上所述，郭斌近三十年的軍旅生涯中，有超過一半的時間是在
情報系統下工作，尤其深受戴笠信任這點而肩負的任務，更是使其所
記錄的內容過程具有相當高的可看性與豐富性，藉由郭斌所著的回憶
錄，除了讓其後代子孫能夠了解先人的一生事業與處世精神外，也可
以讓一般大眾藉由郭斌的經歷，更為深入地認識中華民國成立至今所
經歷過的艱難道路與歷史。

INTRODUCTION

What makes modern Chinese history, or the history of China's Republican era, so fascinating is the continuous discovery of new materials in the recent century. Studying these new materials is of utmost importance in piecing together important historical facts and insights into the period. Many intellectuals, politicians, officials, and military service members have also made personal materials, such as diaries, letters, collections, and memoirs public. These personal materials are important contributions that supplement official documents and thus make the historical narratives more comprehensive. General Kuo's manuscript written in 1969 is an example of one such precious resource for modern Chinese history.

General Kuo Pin was born in Longyan County, Fujian Province, on May 24, 1905 (lunar calendar). He went to an old-style private school in his hometown to study traditional Confucianism's classics at an early age. After the Republic of China was founded, General Kuo enrolled in elementary and junior high schools with modern curriculum, and studied subjects such as science, arithmetic, and English. Inspired by Dr. Sun Yat-sen, the founding father of the country, General Kuo secretly joined Sun's Chinese Revolutionary Party (re-established later as Kuomintang) in Xiamen (Amoy). Upon graduating from junior high, General Kuo wanted to pursue the dream of joining the Army to serve the country. After writing a letter to his grandfather and father about his desire to serve, General Kuo applied to the newly established Whampoa (Huangpu) Military Academy in Guangzhou, which Chiang Kai-shek was Chief-Commandant. Due to the uprisings of warlord Chen Jiongming and the British merchant's corps, the enrollment time of the Whampoa Military Academy was undetermined. So he joined in the Academy's Training

Regiment while waiting for application timing. In 1926, General Kuo applied for the fifth graduating class of the Whampoa Military Academy and also applied to two other military academies at the same time. He was accepted by all three military academies and finally decided to attend Whampoa Military Academy. After more than a year of training, General Kuo graduated on August 15, 1927 and officially started his military career.

General Kuo made military exploits during the Northern Expedition, the subsequent Central Plain War, and the suppression of the Communist campaigns; thus, his military rank was promoted accordingly. On the other hand, he was also seriously injured several times due to fierce combat. Through an introduction by General Hu Zongnan, General Kuo met Dai Li, the leader of *Juntong* (military intelligence agency) and the two established a deep connection from then on. Because General Kuo possessed strong work ethics and was capable in his job, Dai Li appointed him to the highly confidential position of Director of General Affairs of *Juntong* and Sino-American Cooperative Organization (SACO). Dai Li entrusted General Kuo to handle ultra secretive operational tasks and acted as the right-hand man. In the "Collections of Dai Li" collected by Historica Academia in Taipei, many autographed letters written by Dai Li to General Kuo can also be found, reflecting the closeness and trust between the two men. General Kuo recalled in his later years: "I was encouraged and inspired by my two mentors, Hu Zongnan and Dai Li. They taught me to always strive and move forward courageously. I spent most of my life in the military service, using my wisdom, and remaining loyal to my duties. I've received recognition and praise from friends and fellow villagers as a result of my contributions to the military and my nation." This passage shows General Kuo Pin's high regard for Hu and Dai. Furthermore, when reading General Kuo's written words after Dai Li's air crash, one can see the deep respect and love General Kuo had for Dai Li.

The most valuable part of General Kuo's manuscript is that it provides first-hand historical materials on the evolution of Chinese Military Intelligence, which is an on-going research topic. For example, extensive descriptions about General Kuo's own intelligence assignments in cities such as Nanjing, Hankou, Chongqing, and Hong Kong before and during the Anti-Japanese War provided invaluable insights. Moreover, there are background details on how SACO was created and key American participants involved. These details have made the *Juntong* historical narratives during the Sino-Japanese War more comprehensive.

After General Kuo and his family relocated to Taiwan in 1949, he briefly served in the Counterintelligence Bureau under the Ministry of National Defense, which was reorganized from *Juntong*. In 1954, he applied for retirement, but President Chiang Kai-shek instructed the special order: "Any comrade who works in the Counterintelligence Bureau has a lifelong tenure and cannot retire. Comrade Kuo can be transferred to the design committee to participate in intelligence research on mainland China." General Kuo then transitioned from military status to consulting capacity under the Highway Bureau of the Department of Transportation. He also served on the National Military Retired Officers and Soldiers Counseling Committee. During his retirement in the 1960s, in addition to continuing to participate in the activities of the Kuomintang, General Kuo recorded a radio program on the Central Broadcasting System (now Radio Taiwan International) to appeal to Chen Mingren, Wang Yaowu, and Tang Shengming, to turn against the Communist regime. All three of them were General Kuo's Whampoa classmates and were later captured by or defected to the Chinese Communists in the civil war.

In summary, General Kuo spent more than half of his nearly thirty-year military career under the Chinese intelligence system. He was deeply trusted by Dai Li and engaged in many critical confidential tasks. This manuscript has high historical value and readability. General Kuo's descendants can learn about his career and the life spirit of their ancestors. Readers can gain further understanding of the struggling history that the Republic of China has experienced through General Kuo's life story.

Yang, Shan-yao
Ph. D., CEO of Zhehong Humanities Studio,
Assistant professor of National Defense Medical Center

自序

郭　斌

　　古人云：「人生如一場春夢」，歲月催人，轉瞬間古稀之年將屆，緬懷既往，感慨良多！溯余自參加東征（廣東東江）戰事結束後，考入黃埔（址在廣東）陸軍軍官學校第五期畢業，歷經參與北伐、剿匪、抗戰諸役，轉戰南北，嘗以岳武穆滿江詞：「莫等閒，白了少年頭，空悲切！」之豪語自勵；故率領師干，均能身先士卒，克敵致果。嗣後參與　戴雨農先生領導之特種工作，雖本身對革命事業建樹無多，然夙夜匪懈，為黨為國始終未敢妄自菲薄。茲為使兒孫輩明瞭先世淵源，及余一生獻身革命事蹟，鑑往知來，爰憑記憶所及撰寫：「祖德光輝與余之革命生平」一文，以垂久遠。

　　世人對革命特種工作，以訛傳訛，每多誤解！因其任務為查緝奸宄，事屬機密，非局內人無法明瞭其真相故也。然余一生大部份時間與精力，均追隨　戴先生參與密勿，因將個人親身經歷，不加渲染，原原本本寫出，所記人物，均是當時官銜職位，且不加褒貶，以存其真，在二十餘年前事屬機密，而今時過境遷，已成歷史陳迹。

　　惟余參加國民革命工作，歷時數十載，生平事蹟，記憶難周，除摘錄　戴先生致余電令及在日記簿上找出一鱗半爪外，甚多事物，無法細述，祇得從闕。

　　更有進者，余世居鄉僻，得能脫穎而出，位列將軍（龍巖同鄉中任將官者，余為第一人）參與軍國大計者，皆拜　祖上積德餘蔭及本身努力所致！故余矢勤矢勇，一心向善，且身體力行，忠誠寬恕，樂於助人，期能厚植根基，為子孫培養福祉，但願後世子孫，念先人締造事業艱難，奮發有為；更願青出於藍，自強不息，各能潔身自愛，發揚光大，永保先人令譽於不墜！

　　今日科學昌明，已實現人類征服太空理想；他年登峰造極，諒必有飛躍之成就可知。然我國立國五千餘年，戰亂相乘，危離顛沛，幾將傾覆者至再！其能化險為夷，屹立不拔者，均賴有悠久之文化及倫理道德之維繫，故我後人，不論將來科學如何進化，世景如何變遷，均應秉承家訓，發揚舊道德，特別著重倫理觀念，篤實踐履，『勿以惡小而為之，勿以善小而不為！』務使世代書香，領導群倫，有所厚望焉。

郭斌

中華民國五十八年五月二十四日適逢母難之日
郭斌親筆書於臺北市木柵區中港路二十二巷十二號柏園

PREFACE

There is an ancient Chinese saying: "Life is like a dream." Time flies and in the blink of an eye, I am approaching seventy years of age. As I reflect on the past, it brings up a lot of emotions! After participating in the Eastern Expedition in 1925, I was accepted to the (Huangpu) Academy and was part of the fifth graduating class. I participated in the Northern Expedition, the encirclement campaigns against the Chinese Communists, and the Anti-Japanese War, fighting in the southern and northern parts of China. During this period, I often used the poem "Man Jiang Hong (Whole River Red)" written by the famous general Yue Fei of the Song Dynasty as a motto: "Do not sit by idly, for young men will grow old in regret." Therefore, during my years in service, I was motivated to do my best, defeating the enemies, and winning several victories. Later, I joined the counterintelligence efforts under the leadership of General Dai Li. Although my achievements in the revolution were insignificant, I was always loyal and worked hard for the Nationalist Party and the Republic of China. In order to let my descendants understand our family origin and my revolutionary life, I've put together this manuscript as a permanent record. I hope it can be passed down from generation to generation.

Generally, people have misconceptions about Kuomintang's revolutionary intelligence works due to a lack of Information or misinformation. This is mainly because our missions in dealing with traitors and foreign invaders were all confidential. Only those involved directly knew the whole truth. Since I spent most of my life following General Dai Li in military intelligence work,

I decided to write about my personal experience completely without any embellishment. All people mentioned herein have professional titles in their positions at that time. I do not praise, nor criticize, but tell the truth. Those classified missions happened more than twenty years ago, and now they are considered historical events.

However, I spent decades participating in the national revolution movement. It's difficult to recall all the details. I was able to refer to General Dai Li's telegram orders and my diaries. Still, I have left out a lot and gaps in events expected.

I was the first person from my hometown, Longyan, Fujian Province, to be promoted to general. Due to my ancestors' virtues and my own efforts, a country boy like me was able to rise through the ranks and participate in important national affairs. I strived to be diligent and courageous. I was dedicated to practicing good deeds, being loyal, forgiving, and helpful to others. I hope to build a strong foundation for the well-being of future generations. I hope they will appreciate the hardships involved in creating our family's heritage and be inspired to achieve greatness. Moreover, I hope they are motivated to surpass their predecessors, maintain integrity, promote our family's honor, and forever uphold our ancestors' esteemed reputation.

Today, with advanced science and technology, mankind has stepped into outer space. It is conceivable that there will be even more rapid developments in the future. However, China's five-thousand year history has been filled with various wars and chaos with the nation nearly doomed several times. China was able to survive these disasters entirely because of its long-standing culture and ethics. Therefore, my descendants, no matter how much science advances or how much the world changes, it's crucial to keep those classic values alive, to stay true to ethical principles, and hold onto our family motto. "Always do good, even in the smallest actions; never do evil, no matter how insignificant it seems." I have high hopes that you will continue the family scholarly tradition, contribute and lead in the communities, and extend our family legacy from generation to generation.

Handwritten by Kuo Pin

May 24, the fifty-eighth year of the Republic of China (1969), also my birthday.
Cypress Garden, Kuo Residence, Muzha District, Taipei City.

回憶錄感賦

回頭追往事感嘆

對答天隔海哀鴻

遍不計太平年

郭斌同志

蔣中正

卅六年 八月

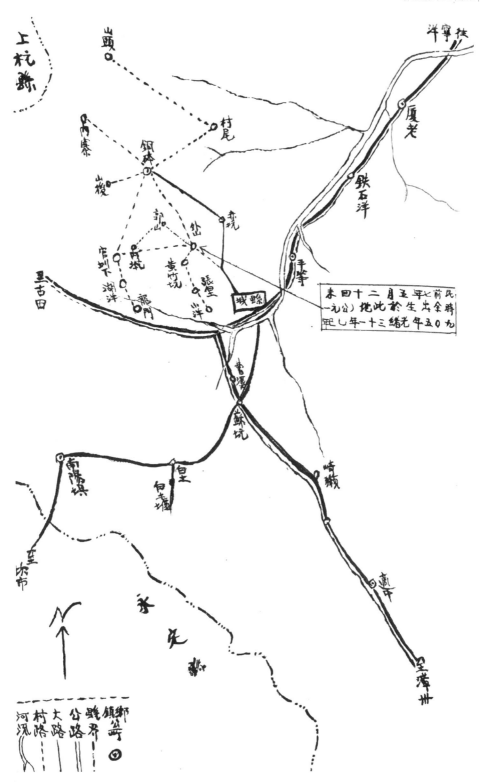

族史 · 求學 · 北伐

第一章

FAMILY HISTORY, LEARNING, AND NORTHERN EXPEDITION

　　本章內容主要以郭斌自清光緒 31 年（1905）出生，至民國 17 年（1928）國民革命軍北伐成功為其斷限。

　　郭斌生於清末時期，受過傳統私塾教育，但家中認為新式教育內容，如英文、算術、科學等新知是未來的主流，故在民國初年開始進入了小學、中學等新式教育體系就讀，就讀中學期間就已嚮往孫中山先生的革命運動，故以郭柏興的學名在廈門加入了中華革命黨。民國 13 年（1924）6 月 16 日黃埔軍校成立後，適逢郭斌從就讀的南洋公學畢業，在寫信稟告家中祖父及父親後，隨即前往廣州投考黃埔軍校，成為黃埔五期的畢業生。畢業後被分發至駐紮在龍潭下蜀一帶國民革命軍陸軍第二十二師六十五團一營三連擔任見習官，至此開啟了郭斌的從軍報國之路。

　　有關本章郭斌撰寫之回憶錄大致內容，節略如下：

- 郭家祖籍發源系出唐代郭子儀及歷代先祖介紹
- 郭斌幼年學習經歷
- 孫中山在廣州成立國民政府及黃埔軍校的始末
- 中國國民黨在廣州舉行第一次全國代表大會後，俄籍顧問對於北伐的意見
- 聯俄容共後黃埔軍校內有關中共黨員的活動情況
- 郭斌參與國民革命軍北伐戰役負傷經過
- 蔣中正第一次下野到復出再度領導北伐工作

The time period of this chapter begins with the birth of General Kuo Pin in 1905 and ends with the completion of the Northern Expedition by the National Revolutionary Army in 1928.

General Kuo was born in the late Qing Dynasty (1644-1912) and received traditional education at an early age. However, his parents believed that new knowledge such as English, mathematics, and science were the future trend, so they enrolled him in elementary and junior high schools with modern curriculum. While attending junior high school, General Kuo yearned for Dr. Sun Yat-sen's revolutionary ideology and joined the Chinese Revolutionary Party in Xiamen under the name "Kuo Po-hsing." In 1924, General Kuo graduated from Nan Yang Public School, which coincided with the establishment of the Whampoa (Huangpu) Military Academy. After writing a letter to inform his grandfather and father about his desire to serve the country, he went to Guangzhou to apply for the academy. General Kuo was admitted as a student in the fifth graduating class of the military academy. After graduation in 1927, he was assigned to serve in the 22nd Division of the Army, commencing his military career.

Key content topics and events included in this chapter:

- A brief introduction of the Kuo family ancestors and ancestral home. The Kuo family can be traced back to the famed Tang dynasty military general Kuo Tzu-i (697-781) with General Kuo being the 19th-generation descendant.

- General Kuo's childhood learning experience.

- Dr. Sun Yat-sen established the National Government in Guangzhou and the Whampoa Military Academy.

- After the Kuomintang held its first national congress in Guangzhou, Russian advisers offered opinions on the Northern Expedition.

- Communists' activities in the Whampoa Military Academy after the First United Front was formed.

- How General Kuo got injured during the Northern Expedition.

- Chiang Kai-shek's first time stepping down and his coming back to lead the Northern Expedition.

　　余姓郭，名斌，字國賓，學名柏興，原名寒青，別號七里，譜名鴻智，於中華民國紀元前七年（即前清光緒三十一年乙巳，亦即公元一九〇五年），農曆五月二十四日未時，生於福建省龍巖縣，內江山社外山鄉下寨祖宅；時值清廷內政腐敗，外侮日亟，國家民族危難之秋；原祖籍山西省，汾陽縣，（即清代汾州府治），系出唐代福將郭令公諱子儀公之後裔，自南宋咸淳年間（即民國紀元前六四七年乙丑，即公元一二六五年）始遷祖，諱鉉公；諱鍊公兄弟倆，及諱均賢公等，僉以故土雖俗稱五座連城，形勢完固，為晉西一大都會，但兵燹年年，盜賊蠭起，民不聊生，深以為苦，為子孫前途計，遂決定由晉南走入贛閩邊之箭竹，再循山路越「王母點兵」山，而至閩之西南龍巖縣，（清代雍正十二年升為直隸州治）城瀕龍川北岸，包絡叢山之，山高谷深蹊徑迴曲，頗擅形勝汀漳間之要衝，亦閩西之軍事重鎮也。初擇定距縣城西北十四華里之郭山（當時無地名自先祖入駐後始命名郭山）此乃郭氏先祖入閩之始也。

　　鉉、鍊二公抵郭山後回憶過去在晉時，邦家多難，心有餘悸；當時聞距郭山四十餘華里山頭村附近馬頭山上，有仙人傳授丹鼎方外之術，及飛遁劍法，兄弟倆遂相偕前往拜師學道精練武藝，及研究韜略等術。約十年後，至宋德祐二年（即民國紀元前六三六年丙子，亦即公元一二七六年）元兵陷臨安（即今之浙江杭州），元將伯顏擄恭帝北去，文丞相天祥等遂立端宗是帝於福州，改年號景炎元年，翌年正月（即民國紀元前六三五年丁丑，公元一二七七年），元兵大舉南侵，入汀州，汀守將黃去疾，聞車駕航海，擁兵有異志，時文丞相天祥號召勤王，移屯龍巖，謀入衛、漳、潮，鉉、鍊二公聞訊，遂相偕下山，率鄉民在銅砵鄉築土為城，保境安民，盜不敢犯！其忠勇事蹟上聞於文丞相，遂辟鉉、鍊二公為左右前鋒，隨軍出征，時因道阻，至三月

始由巖出發，一舉克復粵之梅縣，再舉克復贛之會昌，六月又大敗元軍於贛之雩都，至此軍威大振，鉉、鍊二公雖身中十餘矢，血流滿甲，猶努力衝殺！文丞相嘉其忠勇為國以上聞，是帝論功行賞封為惠、濟二侯。

八月文丞相以二侯創甚，遣屯梅縣，後文丞相兵潰二侯潛師迎之入梅，意欲據險以守，文丞相曰不可，迺屯兵粵之潮陽，至（民前六三四年戊寅公元一二七八年），不幸宋端宗昰帝崩！弟昺帝立，改元祥興，遷粵之新會南大海中之厓山，文丞相軍自潮陽至五坡嶺，不幸兵敗，與二侯同時被元將張弘範所逮（宋代叛臣），叛臣愛其勇，勸之降，侯曰「吾兄弟倆忠勇為國，豈降叛臣哉？！」拔劍欲自刎，弘範嘉其勇、義而釋之，二侯不忍離去，文丞相揮之曰：「殺身無益，幼主尚在厓山，若天未絕宋，求真人於白水，天下事尚有可為！」二侯泣再拜而行，至厓山，又遭叛臣張弘範進攻，越國公張世傑雖奉昺帝率十餘艦入海禦寇，亦遭覆舟之痛！厓山遂為元兵所據，左丞相陸秀夫先仗劍驅妻入海，後負其幼主昺帝蹈海死！二侯仰天嘆曰「宋不可為矣！」時弘範已送文丞相入燕京（即今之北平），二侯無所依，乃回鄉保境，至元代世祖忽必烈十九年（即民前六三○年壬午，公元一二八二年），文丞相於寫完浩氣長存之正氣歌後，遂在柴市壯烈成仁！二侯兄弟聞耗，向北跪哭，淚盡繼出血以死！！

是日天晝晦暗，里人感其忠義，功在邦家，乃踴躍捐資創建「香林廟」於銅砵，奉祀惠、濟二侯金身像，廟門並題有「同澤同袍雙國士，難兄難弟二忠臣！」對聯。另塑一代像輪祀民家，於每年農曆十一月十一日誕辰日，鄉人紛紛前往「香林廟」拜壽，並恭迎神像出巡各村。十日舉旗時，天昏地黑，至十一月二十日止，在出巡時，鄉人扶老攜幼跪拜祭祀，祈求必應，遂成正神。巡視畢，代像仍駐民

家，曾有一度輪住縣城內郭家，次年十月底舉旗時，天晝晦暗，日月無光！縣令吳守忠從邑紳連瓚等申請，感惠、濟二侯神威，即將侯像所駐之街巷更名為「銅砵巷」，以為永久紀念。因此城中人常言「郭公舉旗出巡，天黑地暗」，此事世代相傳已久，確屬信而有徵。他如外山鄉、張白土、小洋、平在坊等處，均有郭公廟，香火鼎盛，其影響民心之深，概可想見必。

　　惟惠、濟二侯，年青時修道，故不立家室，後由族人繼承奉祀香火，一脈相傳，聚居於銅砵鄉西華山麓之「上邦寮」，我八甲郭又名（世高戶），先祖諱均賢公，初在距縣城十四華里之郭山開墾種植，歷二世，至元末至正十二年壬辰（即民國紀元前五六〇年公元一三五二年），三世祖諱廷質公，公生二子，長功佑公，次功惠公，為子孫前途發展起見，又由郭山遷至距縣城二十華里之銅砵鄉（民國三十年新縣制施行後，將內江山社銅砵鄉改為銅江鄉，北起山頭，東至平林、富溪，西至山後、坑柄，西南至外山、赤坑，各村落合組而成「銅江鄉」，取銅砵之銅字，及內江山社之江字，而定名）。經三十餘載後，功佑、功惠二公，又遣其子孫分支距縣城西十五華里之湖邦社湖洋鄉，及至六世祖諱廣通公，因感銅砵鄉地面偏促，日後子孫繁衍無法發展，再移居距縣城及銅砵各十華里之內江山社外山鄉，是處有上、中、下三寨，崇山峻嶺，茂林修竹，清流激湍，映帶左右，每值三春佳日，杜鵑花開紅遍山頭，桃李爭妍，相映成趣；且山川秀麗，鐘靈毓秀，人傑地靈，故我族代出賢能，繁衍勿替。時值太平盛世，吾族人日出而作，日入而息，守望相助，雞犬相聞，真不啻世外桃源。先祖遂卜居於外山鄉下寨，初以養鴨耕農為業，發現所養之鴨，大多數日生雙蛋，認係吉祥之兆，自此世代耕讀傳家，亦為我房發跡之始。

　　余在求學時，曾蒙先祖父詳告家族淵源，在龍巖縣望族中為首屈一指。郭氏同宗本無分六、八甲二宗派，以銅砵鄉追遠堂，縣城水門興義堂，山後賢義堂三大宗祠正廳所懸對聯之上聯有「由箭竹而來丹心扶宋鼎心同日月照海宇」之句，下聯忘記均坎有箭竹遠祖之記載，由此可證明六、八兩甲系出同源，後因叔叔在山後之祖祠建築在先，姪子山後交椅山之祖坟營葬在後，引起叔叔一房不滿，阻擋無效，繼發生械鬥，雙方各有傷亡！叔姪構訟公堂，撫臺判決准叔叔開一五丈大池塘，以積水灌田為由，其真正目的，在斷交椅山姪子之祖坟風水龍脈，池塘完成後姪子一房子孫反而發達，人文鼎盛，至祖坟完坟謝土之夜，叔叔一房各家戶雞不鳴犬不吠，一片靜寂，如無人之狀！翌晨，叔叔一房子孫憤恨出而死鬥，繼以官司，由州至道臺，達撫臺，纏訟兩年餘始行結案！從此叔叔一房稱為六甲，姪子一房稱為八甲，六甲一房除銅砵鄉駐有少數子孫外，大多數則居住距銅砵五華里之山後又北十五華里之石山圓等處。

　　七甲郭子孫原不姓郭，因仰慕惠、濟二侯豐功偉蹟，感其神威，及郭姓望族初則稱仰慕郭，除銅砵鄉駐有數十戶外，多數則居於距縣城三華里之西墩鄉西山壚一帶。

　　八甲郭則散居郭山、銅砵、外山、湖洋、內墩、官圳下、坑柄等處。再查郭氏祖祠，計有山後賢義堂，係六甲郭之總祠。縣城北門內所內坊一祖祠，係六、七、八三甲共有，分為五房，外山鄉上、中、下三寨，為北甫公房。又縣城水門興義堂，只屬八甲郭，縣城上井頭南市巷十號通慶堂（以廣通公通字作為紀念），為外山鄉中、下兩寨共有。銅砵石獅厝追遠堂，屬於銅砵、湖洋、坑柄、外山、八甲郭共有。銅砵六角井附近慶餘堂，為外山上、中、下、三寨共有。

　　八甲郭自入閩後，諱均賢公規定：「均、文、廷、功、秉、廣、用、大、天、得、正、其、仁、義、禮、智、信、紹、鴻、奕、上、達、陞、朝、堂、承、先、衛、候、伯、光、宗、傳、錦、裔、昌、榮、在、明、德等四十個字為世號，每一世以一字為代表，一望可知其字叔也，某行姪也，使敦親睦族，尊卑有序，用意至善，惟年代久遠，宗派紛繁，不勝記敘。

　　至定居郭山時起，八甲列為一世開基祖諱均賢公，設主神位奉祀於上列各宗祠，公卒後尋龍覓穴，卜葬於銅砵鄉後林埤「豬頭墓」；二世祖諱文義公，則卜葬於山後交椅山；三世祖諱廷質公，則葬於銅砵碇口村「蛇形」祖妣則葬於銅砵「老虎入厝」，又名林厝旁，生前守節盡孝，榮獲節孝牌坊一座，堅立於後林埤大路邊，以資旌表，澤及子孫，永沾光寵；四世祖諱功佑公、諱功惠公；五世祖諱秉瑞公；六世祖諱廣通公；七世祖諱用之公，八世至十五世因時間過久，手頭又無家譜可稽，難再記憶；迄十六世祖諱秀其曾祖（譜名忘了），清代舉人，以儒術著稱鄉里，光被後昆；十七世祖諱福臻祖父，譜名信銓，遜清拔貢，為人正直，宅心仁厚，見義勇為，性情爽朗，氣慨激昂！凡鄉黨戚友輩有急難者，無不慷慨周恤，常為鄉人排難解紛，其急公好義之風，久為閭里所稱道，鄉人多敬重之。平日以「唯孝、唯廉、唯學、唯技」訓示子孫，祖妣黃氏太孺人，系出同邑龍門墟黃厝，名門望族，淑慧誠摯，實德容兼備，治家最嚴，鄉人稱賢。生二子，長即先君諱發榮公，譜名紹桂，前清廩生。先叔諱繼榮，譜名紹蘭，早事農耕助先父治理生產，生三子二女長泉興、次泉旺、三泉富，姑母乳名昌玉，歸同邑小洋翁氏。

　　余家世代耕讀，勤儉操作，薄有田產，先君承襲先祖餘蔭，崇尚節儉，摒絕奢華，家道因之益振，且躬親農事，與傭工同勞，喜於勤

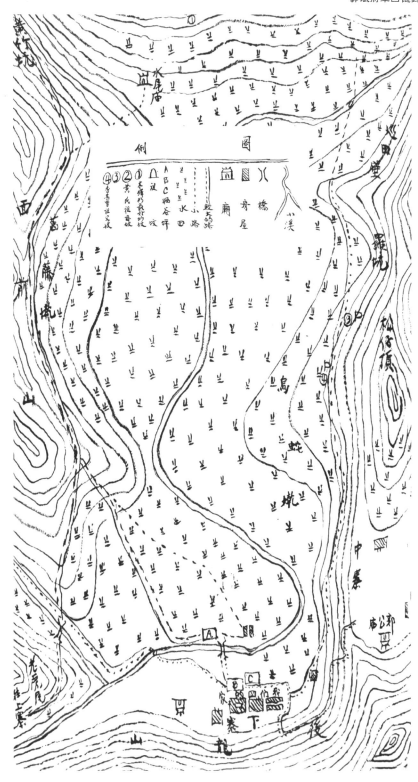

余童東牽　先祖命作嵌字聯

福至心靈興事業
臻來壽賜蔭兒孫

劫羊自作嵌字聯

山窩松柏千年盛
家道隆興百立昌

苦，秉性剛直，處事以公，接物以誠；樂善好施，扶弱濟貧，處世接物，與世無爭，嚴守禮教，謙恭和藹，勤儉自持，克己待人，忠誠任事，望重鄉里。先慈黃太夫人，出自世家，賢淑溫厚，無奈天不假年，舉一男不育，即與世長辭，（即黃順昌之姑母）。續娶同邑外江山社張白土翁姓望族翁太夫人（即余之生母），世冑名門，秉性仁厚，慈祥愷悌，仰事翁姑至孝，自奉極薄，律己甚嚴，治家有方，督教子女之嚴甚於師保，故家庭生活美滿。余有姊一，乳名春娣，適銅砵鄉黃祥炎（仁奎甥之父）；二弟柏燻，譜名鴻仁；三弟柏昌，譜名鴻毅；四弟柏全，譜名鴻勇；二妹團娣，適外江山社黃竹坑楊祠楊炎星；三妹和娣，適小洋黃炳金；四妹蘭娣，適楊炎星妹夫之堂弟。

余居長，獨蒙全家人鍾愛，期望殷切。幼年秉承庭訓，五歲啟蒙於鄉里家塾，十二歲讀畢四書五經，獨於春秋左傳最感興趣，而有心得。以「忠、孝、仁、愛、信、義、和、平」八德，及「禮、義、廉、恥」四維為座右銘。至民國初年，學校肇興，先祖認為非從事科學無以建國，非吸收新知識，無以濟世；遂命余投考縣立模範小學插班，習英文，算術，受新式教育，至民國八年己未（即公元一九一九年）夏畢業，旋即升學福建省立舊制第九中學肄業，當第一次世界大戰告終，日本以二十一條不平等條約進逼我國，觸發五四運動，為嚮【響】應北京、天津、上海、廣州學生救國運動，參加學生會，領導同學宣傳反日，主動倡導抵制日貨，組織學生糾察隊，實行檢查日貨，凡有發現，當場燒毀！魏校長所經營西門內謙興布店，如有日貨亦不例外，引致校長所不滿，殃及同學張松齡、江國材、林成壽、郭國樑、郭鎮海等五人，以校方要開除學籍為威脅，乃自行轉考漳州南洋公學，其時插班生名額僅十名，而報考者多達百餘人，結果幸蒙取錄取。入校後，目睹內則軍閥（張毅部）專橫，外則強鄰壓境，頻年戰亂，民不

聊生！國事阽危，仰慕孫中山先生領導革命，推翻滿清帝制，建立中華民國，打倒軍閥，拯救國家之豐功偉績，衷心早已嚮往！不久遂決計獻身革命，先赴廈門，以郭柏興學名在極端秘密之下加入中華革命黨，參加各項秘密活動，私心深感快慰。

民八年十月十日，孫總理改組中華革命黨為中國國民黨，並公佈黨章，至民十一年，又獲悉孫總理派蔣公在閩軍中服務，連絡討逆粵軍，保有福州一基地。　孫總理乃得在短期間號召湘、粵、桂、滇，各路聯軍，同時向廣州並進。民十二年一月十六日，克復廣州，陳逆炯明被迫逃往東江，各軍將領遂電請國父返粵復任大元帥職，此為本黨重建廣州革命根據地，奠定國民革命軍北伐統一抗戰勝利之基礎。旋悉孫總理內度國家情勢，外審世界潮流，認為「從根本著想，非整理黨務，不足以及時奮起；救亡之策，必先事吾黨之擴張。」遂於民十三年一月召開第一次全國代表大會於廣州，其目的在使「本黨重新擔負起革命之責任。」一方面固然是要打倒軍閥，另一方面，則尤其是要驅除軍閥所賴以為禍最烈的帝國主義，及廢除不平等條約，為全國人民謀一生路，並主張「召開國民會議，以謀中國之統一與建設。」並通過准許共產黨黨員，得以個人資格加入國民黨，為實行三民主義而努力；假使共產黨以後一直能遵守諾言，中途不生變化，則革命早已順利完成，三民主義亦已實現。

同時，決議創辦陸軍軍官學校，訓練革命軍，此乃孫總理鑒於陳炯明之叛變，深感革命不能依賴他人武力，必須自己訓練出一批真正革命軍，以為基礎。故派　蔣公赴俄考察時，囑其特別留心俄國軍隊組織之內容，及紅軍陸、海、空各軍事學校之組織、軍港要塞等，以為歸國創辦黨軍之參考。創辦軍校議案通過以後，　孫總理即於民十三年一月二十四日派蔣公籌備陸軍軍官學校，至同年五月二日，特

任蔣公為陸軍軍官學校校長，負責創辦黨軍之全責。蔣公受命後，即擇定位於珠江下游之一洲，距廣州市約四十里，周圍約二十餘里，林木蔥籠，崗巒起伏，南連虎門，為廣州第二門戶，清時置長洲要塞，國父以其四面環水，遠隔城市，地面衝要，實為軍事重地，因此指定該島為軍校校址，在蔣公積極籌備之下，終於在同年六月十六日，舉行開學典禮，學生伍佰人，國父親臨致訓，並閱兵，校中教師，都是黨國一時俊彥。

第一期學生開學訓練，原定六個月畢業，為了時局需要，第二期新生又入伍，其後按期招生，全國青年聞風景從，湧到黃埔，因此名額激增，內部組織亦日漸完善，同時蔣公即著手計劃，擬將教導團改組為黨軍，畢業學生分任下級幹部，經積極訓練，不到一年，真正革命軍便相繼練成鐵的隊伍，且紀律嚴明，成無比強固力量。蔣公認為培養革命武力，並要使此革命武力與國民相結合，賦予打倒軍閥，進而驅除帝國主義之使命；並決定在粵之汕頭，設立黃埔軍校駐汕招生辦事處。

余至民十三年夏南洋公學畢業【根據國史館藏《軍事委員會侍從室》檔案中的郭斌個人資料所記錄，郭斌是民國 8 年 7 月入南洋公學就讀，12 年 6 月畢業，典藏號：129-070000-0615】，即函稟先祖父及先父，力求准予棄文就武，潛赴廣州，投考黃埔軍校以資深造，從事革命事業，遂余素志，並請先祖父母等寬懷。先祖父等不但不勸阻，且以男兒當志在四方，獻身國家為勗勉。乃摒擋一切，由廈門馳赴汕頭，不幸在廈門碼頭上船時，因行囊藏有上印孫總理玉照之手摺式中國國民黨黨證一枚，忽被憲兵搜出，若非當時機警應付，定遭不測！此雖微不足道，但關係個人一生前途至鉅，為了保密起見，在船上選購些醬菜簍，將醬菜取出，黨證放入上蓋些醬菜，準備登岸時混過關

卡查驗。迨抵汕頭後，詣黃埔軍校駐汕招生辦事處報名，始知軍校招生試期已過，雖淪落異鄉，素志益堅，仍圖償夙願，悵返旅邸，即繕寫報告，並附黨證面呈該辦事處何主任國楨，詳述在求學時早具心報效黨國，來汕頭投考遲延之原委，何主任念余忠誠愛國苦心，發還黨證，並蒙荐軍校駐惠來分處向丁副主任國保報到，初派充文書工作，旋改任專員，並安排兩名士兵隨余出發葵潭、陸豐、海豐、汕尾、碣石、甲子、神泉等地催收捐款，以裕革命軍費。同年九月，國父決定誓師北伐，另謀出路，並電　蔣公略謂：「吾黨在粵有三死因（一）英人壓迫；（二）東江敵人反攻；（三）客軍（滇桂軍）之貪橫！」故此時亟宜北伐，比東江尤急，贛州一下，東江必不敢反攻，切望蔣公迅練黨軍，肩負革命重任。國父設大本營於韶關，並親率贛軍全部湘、滇、豫軍各一部，及警衛隊等自廣州出發北伐。蔣公以軍校第一隊學生護衛國父督師北伐，同時國父發表宣言聲明：「北伐目的不僅在推倒曹、吳軍閥，尤其在推倒軍閥所賴以生存之帝國主義。」當時廣州由於楊希閔、劉震寰、與陳廉伯（香港）、陳炯明互相勾結，甚至大元帥府秘書長，亦挾持滇、桂軍之勢，以威脅國父，廣州商團陳廉伯，受楊、劉之煽惑，更發動罷市、罷工風潮，形勢異常險惡，孫總理立即指示蔣公：「即捨去黃埔一孤島，將所有彈藥學生等一齊速來韶關，為北伐之孤注。」孫總理之意思，就是認定粵陳、滇楊、桂劉等軍閥既然把廣州看成一塊肥肉，本黨就不如乾脆捨棄使之爭食！孫總理即逕自帶著革命軍去北伐，但蔣公認為廣州和黃埔是革命根據地，無黃埔，則革命軍無立足之地，無廣州則革命政府即無保障，更無進攻退守回旋自如之根據，認為廣州與黃埔斷斷不可放棄！蔣公當時就報告孫總理：「埔校危在旦夕，中正決守孤島，必不輕易放棄此一片乾淨土的革命根據重地，致吾黨永無立足之地。」惟孫總理仍覆諭：「望即來韶，因有某軍欲劫械，並欲殺兄，故宜暫避之，以待衛

隊練成，再講陳逆來攻，我可放棄，由爭食之軍閥自相殘殺也。」孫總理對蔣公和軍校之愛護，亦由於孫總理精誠之偉大感召，以及蔣公對革命責任之自覺，仍決心死守此一革命根據地，旋得孫總理回師平定廣州，商團叛亂得以順利敉平，黃埔之成軍以及奠定北伐統一之局，均賴此為張本也；或謂，革命主義重要，革命根據地同樣重要；革命根據地不厭其小，但當求其純一，求其乾淨，求其團結一致，此一即孫總理常昭示：「革命黨員，如軍隊一樣，不求甚多，但求其精。」乃可以一當百，轉敗為勝。

同年十一月，孫總理認為目前國內局勢，正值軍閥專橫，擁兵稱雄，各霸一方，形成割據狀態，孫總理為了「他所提倡之主義，冀能早日實現」，並應北政府電請北上，共商國是，同時鼓舞北方革命同志情緒，並藉此聯絡各省同志，鞏固革命組織，以樹立建國基礎和宣揚三民主義，以冀和平統一之實現，遂以大無畏精神毅然隻身北上，深入虎穴，與北洋軍閥冒險奮鬥，志在貫澈畢生救國、救民革命主張，挽救中國危亡！

此時，余因早已志切從軍，決心追隨蔣公，鍛練革命，期以效命黨國，同時又得丁副主任告以上述情形，使余志益堅，再黃埔軍校招生時未定，意欲介紹余到教導團第二團、二營、六連李連長鐵軍處暫時工作，爾後候機，再行投考軍校，亦不為遲，情詞懇切，乃遵命持介紹函前往向李連長報到，即派充上等兵，開始參加軍中生活。

民十四年乙丑（公元一九二五年）二月，獲悉負隅東江之東陳炯明，以國父北上臥病，有機可乘，乃自稱救粵軍總司令，且以為廣州之革命政府，仍然同從前散漫紛亂，乃伺隙糾集號稱十萬之眾，從東江流域潮、汕一帶，會同林虎、方本仁各部，分三路進犯廣州，大元

帥府即召集緊急會議，蔣公以東江潮、梅叛軍不戢，不但嚴重威脅廣州，且終為革命進行之障礙，遂決定動員各軍，出師東征，此為第一次東征動員也。

兵分三路，以滇軍楊希閔部任左翼，桂軍劉震寰部居中，蔣公率領軍校第一期同學為基幹之教導團一、二兩團（團長何應欽、王柏齡）及粵軍陳銘樞之一部任右翼，連克東莞、石龍、平湖、深圳。時二月十四日，右翼軍團攻淡水城，初由砲兵先毀城牆，教導團乘機由缺口湧進，經將士猛力衝殺，城遂攻下，將敵殲滅，繼續向海豐前進，抵揭陽，力克潮安、汕頭，時左中兩軍均存意觀望，滇軍甚至通敵謀襲我後，不料左、中兩軍不但不繼續前進，竟敢偷偷回師廣州，惟蔣公率領右翼軍深入力戰，陳逆、林虎，則乘右翼軍久戰疲敝，大舉反攻，兩軍大戰於棉湖，此時是年三月十三日，當時洪兆麟又由興寧出河婆，擬裁斷我潮汕大軍後路，情勢十分危急！本團第二營副營長代理營長胡宗南先生，奉命粉碎逆軍陰謀，必須攻佔河婆之最高山「橫峰」之敵人陣地，胡代營長即命李連長鐵軍，率領全連猛衝，必須佔領之，才能消滅棉湖之敵！胡代營長亦親身參加一舉將敵擊潰，造成黨國存亡攸關之棉湖大捷，繳獲無數械彈！繼之我軍乘勝直追，又激戰於五華、興寧，陳逆雖剩殘餘武力，經我軍追至贛之吉潭、尋鄔附近，雖無全部繳械，第一次東征，亦告結束。

但黨軍能以千餘之眾，禦萬餘精幹凶惡之頑敵，其危實甚！萬一慘敗，不惟　孫總理手創之黨軍盡殲，革命策源地亦不可復保，此戰適當孫總理逝世之翌日，實由於本黨同志，秉承孫總理蓋在天之靈，有以默相其成。再有英明蔣公指揮若定，眾志成城，再接再厲，完成使命！然黨軍亦犧牲不貲，余雖負輕傷，在軍中療治，仍然隨軍行動，此時忽得胡漢民先生電告，孫總理於十二月上午九時三十分，因胃肝

胡公宗南將軍遺像

余參加軍中生活即在胡將軍所屬二營六連參与東征之役

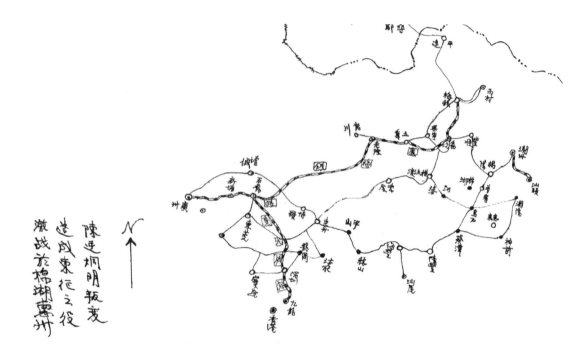

陳逆炯明叛變
造成東征之役
激戰於棉瑚惠州

病復發不治，病逝於北京行館，時前方軍事正亟，故秘不使蔣公聞，
至二十一日始得胡漢民先生電告，蔣公突奉噩耗，哀慟幾絕！三十日
於興寧軍次，遙祭國父及陣亡同志追悼大會，沉痛訓示：「總理已於
三月十二日在北京行館逝世，從今以後，我們更要努力奮鬥，犧牲一
切，實行總理遺志，繼續他的精神，並為陣亡之同志報仇，才是真革
命軍人。」此時陳逆叛軍甫告肅清，蔣公在陳逆司令部發現盤據廣州
之滇軍楊希閔、桂軍劉震寰，與陳逆暗中勾結證據，且此兩部隊素來
軍紀敗壞，姦淫擄掠，無所不為，實沾污革命軍聲譽，倘此時不予肅
清，將來必成陳逆炯明第二，養癰貽患，後悔不及！於是蔣公乘戰勝

餘威，回師廣州，時楊、劉兩部隊盤據廣州已久，雖在廣州附近築有相當堅固之防守工事，亦不足介意，此役又增加軍校第三期入伍生參加作戰，於石牌瘦狗嶺一帶，經一晝夜將楊、劉所部整個消滅！奪回革命根據地，統一廣東，奠定北伐基礎，蔣公肅清楊劉兩逆後，他便專心一意從事鞏固革命基地，肅清北伐障礙，並加緊軍校教育，擴充革命軍隊，準備出師北伐，完成國父遺志。

民十四年乙丑（公元一九二五年）八月二十日，本黨軍校黨代表廖仲愷先生，在廣州本黨中央黨部門前，突遭暴徒狙擊殞命！一時黨內大為騷動，幸得處置迅速，在會秩序迅即恢復常態，並推蔣公與許崇智等組特別委員會，查辦廖案，應付時局，嗣獲刺廖凶手張國楨一名，並於十月五日執行槍決。蔣公此時更覺得反動勢力不容並存，便著手清除障礙，改編軍隊，正因東江防務空虛，陳逆炯明死灰復燃，收集其殘部，並勾結北江熊克武部，及廣南八屬之鄧本殷部，企圖再襲廣州，因此有第二次東征之役。同年九月軍事委員會任蔣公為總指揮，於十月一日誓師，六日率各軍出發東征，十三日下令開始總攻惠州城，因惠州為東江之樞紐，城堅形險，決首先功克之，惠州城三面環水，一面背山，路極險隘，城垣堅固，易守難攻，真有一夫當關，萬夫勿開之概！而城垣上之機槍陣地，既穩且固，掃射甚烈，故民間有俚語云：「鐵練鎖孤洲，飛鵝水面浮，任憑天下亂，此地永無憂」之句。誠屬天險！此時楊坤如部三千人盤踞城內，加以後援隊伍李易標二千人集中老隆；謝文炳部二千人集中梅隴，有向我軍前進模樣。十月十三日午前，劉團長堯震率部進攻，蔣公親臨飛鵝嶺砲兵陣地指揮，開始砲戰，在校軍爭先恐後，奮勇衝殺，前仆後繼，未能攀登，死傷枕藉；至下午二時，北門之城垛始被我軍炮火毀壞，同時城垣上之機關槍，亦遭砲毀，我軍前鋒向城廂進逼，雙方戰鬥甚烈，余此役

參加敢死隊，承我軍砲火激烈之際，大家搬運竹梯，直達城下，紛紛沿梯登城，忠勇奮發，不顧生死，率破城衝入，全連官佐八員，士兵一百零八名，連受傷生還者僅十八名；時在同月十四日下午三時也。該城形勢自唐以來，千餘年不破，南方第一形勢天險之堅城，經我軍兩日猛攻，終將此名城一鼓而攻下。

惠州既下，敵望風披靡，廣東乃完全統一，惟堪惜者，劉團長是役親臨鋒鏑，為國盡忠，不幸中彈陣亡，真是千古遺恨！戰事結束後，承蒙上峯將余轉送至廣州北校場陸軍醫院就醫，在院時常聆劉黨代表仇西講解革命思想，奠定余至剛至強之革命意志。斯時黃埔軍校繼續招生，恨余因傷後元氣未復，兼患痢疾，仍然無法報考，歲月蹉跎，寢食難安；至民十五年丙寅（公元一九二六年），軍校五期招生，余已康復，意為時不可再來，機不可再失，遂前往報名，惟需兩人保證，當時人地兩疏，實難辦到，幸承劉黨代表雅愛作保，無可奈何時，只得用自己郭柏興之私章蓋上，權作保證人，然後改名郭斌報名，迨至中山大學考場，目睹投考者兩千餘人，錄取名額僅限於百餘人，深恐名落孫山，又向李濟琛所創辦第四軍軍官學校，及雲南講武堂分別報名，按時應試，結果三校均得錄取，最後決定進入黃埔軍校，此為余親沐領袖薰陶，參加革命洗禮之嚆矢！深幸夙願得償，報效黨國有日，入伍後因舊黨證負傷時遺失，名字亦不符，乃請張連長慎階介紹，重新入黨，駐防於東莞，一面參加剿匪，一面受訓，獲益良多。

此時余愈加奮發，深知黃埔軍校，是黨的生命所託，為國家希望所依；黃埔學生，受到此劃時代革命教育，肩負國家興亡之重任，要為人民做先鋒。是年秋，遷返黃埔島校本部，編入學生第一大隊第二中隊，隊長惠濟。

　　因民十三年甲子（公元一九二四年），一月國民黨在廣州舉行第一次全國代表大會，通過准許共產黨黨員得以個人資格加入國民黨，為實現三民主義而努力，　國父即與蘇俄代表越飛達成協議，聯俄容共政策，蘇俄派鮑羅廷真名為格魯森（MIKHAIL, GRUSENBERG）為國民黨之顧問，因此中國共產黨藉國共合作之便，乘機滲透軍校，蓄意把持，氣焰囂張，大有喧賓奪主之勢。當時教育長鄧演達、政治部主任惲代英及部份教官，均係匪黨，第二中隊兩百人，潛匪份子即達四分之一，把持分化，挑撥離間，本黨同學反遭荼毒，多方威嚇利誘，手段毒辣。曾有部份左傾同學，幾度徵求余加入意見，余即以三民主義內所云民生主義兩大原則：「平均地權」和「節制資本」，就是反對少數獨佔經濟之勢，壟斷社會之富源，簡言之，即「均富」。且三民主義最終目的，係促進世界大同，故本黨主義，遠較其他主義為優，何必一定要加入共產黨予以婉拒，以後則時常找余麻煩，在小組會議中提出批評、打擊，幸均謹慎應付，否則恐遭不幸。而部份同學，意志不堅者，惶恐不知所措，另一部份同學，彼此猜疑，互相攻擊，任性而變為共產黨者，亦復不少，校長蔣公，早已洞悉共黨陰謀，處處加以秘密監視，時時警告他們，須切實履行「為三民主義而努力」諾言，因此共產黨便集中仇視於蔣公一身，彼等認為不除掉蔣公，共產黨便無法實現其篡奪陰謀！

　　民十五年三月二十日，中山艦艦長李之龍突然異動，將軍艦停泊廣州附近，　蔣公立即斷然處置，將李氏革職，並派軍隊開返廣州，維持秩序，兵不血刃，三天內便將謀反之共產黨人完全肅清，壓平事變！中山艦事變敉平後，蔣公與一般忠於三民主義國民黨同志，不欲國父手創之國民黨生命中斷，乃於二中全會決議，重新改組黨之內部，停止把持國民黨黨務之共產黨毛澤東、譚平山、吳玉章、林祖涵

等各人所任部長之職，並規定共產黨在國民黨各級黨部內，不得超過三分之一，因此共產份子權力大為削減，野心稍戢！黨之組織日漸鞏固。此時環繞廣州之惡勢力，亦次第清除，於是蔣公便想趁此時機擴大革命勢力，在六月四日舉行中央執監臨時會議席上，提出北伐之主張，不意俄國顧問吉善嘉將軍極力反對，目的是想打消北伐提議，以免北伐成功增強國民黨之聲譽與勢力。

當時吉顧問勢力很大，要是別人，定為所阻，但是蔣公英明果斷，認定此時是北伐最好之時候，時機錯過，革命勢力亦必中途停頓，乃即席力爭，幸多數出席中委一致贊成，遂通過北伐提案。至翌日（六月五日）國民政府即下令任命蔣公為國民革命軍總司令，蔣公即定於七月九日，在廣州東較【校】場萬眾歡呼中舉行就任國民革命軍總司令，並舉行北伐誓師典禮，由國民政府委員會主席譚延闓授印，中央黨部代表吳敬恒授旗，蔣公就職後，隨即發表就職宣言，同時發佈誓師辭，至同月十五日，揮軍北伐。

當時孫傳芳佔有江蘇、浙江、安徽、江西、福建等五省，號稱五省聯軍總司令，直系軍閥雖然失敗，但吳佩孚尚控制有河南、湖北、及四川一部份地區，又與湖南有密切關係。張作霖除以東北為根據地外，尚据有河北、山東、熱河、察哈爾等省，坐鎮北京，自稱大元帥，等到國民革命軍出師北伐，義旗所指，如秋風掃落葉，進展極為神速，僅僅半年功夫，已克復長江以南廣大地區，當時若非本黨內部分裂，正可橫渡長江，提師北進，剷除軍閥餘孽，掃平中原，統一中國。不意武漢政府被共產黨把持，而汪精衛從海外返國，不但不聽從黨內同志勸告，反而甘心為共黨利用，自稱國民黨領袖，與陳獨秀發表國、共兩黨領袖聯合宣言，悄悄離開上海，前往武漢，與共產黨一鼻孔出氣，展開反南京、反蔣總司令之激烈活動，致使寧漢分裂越發加深。

民十六年丁卯（公元一九二七年），四月一日，武漢政府受共產黨徒劫持，突下令免蔣公國民革命軍總司令職，全國為之譁然，二日本黨中央監察委員會鑒於共產黨黨徒之篡黨叛國，逆跡昭彰，在滬召集全體緊急會議，推蔡元培為主席，吳敬恆提出共匪叛黨證據案，經決議咨請中央執行委員會採取非常緊急處置，將各地共黨首要危險份子，就地知照治安機關分別看管，制止活動，中央已察覺共黨陽奉陰違之詭計。至五月十七日，即成立清黨委員會，執行清黨工作，並宣佈共產黨為非法組織，各地開始清黨，本校亦同時進行。

余平時注意匪黨陰謀活動，當即揭發潛伏份子，報告惠隊長，經事實證明，彼等亦承認，遂拘禁於虎門要塞，時鄧、惲等匪早已聞風逃逸，校方調整人事，派方鼎英為教育長、吳思豫為政治部主任、鄧文儀等為教官，一場大動亂始告平息！全體同學方得安心求學，此乃校長蔣公英明領導，與卓越決策之功。是年秋，奉令北上，由黃埔乘福安運輸艦往上海，改乘京滬火車抵南京陸軍軍官學校，至八月十五日由校長蔣公親臨主持畢業典禮。

當時北伐軍正好乘勝直搗黃龍之際，革命陣容忽然發生肘腋之變，武漢方面在共黨操縱之下，突然組織所謂東征軍，他們不但不去協助北伐，反而從長江順流而下，直撲九江，進襲南京，軍事行動並未戢止，嚴重威脅北伐軍，在江浙兩省後方防務！因此蔣公忍痛急令前方各軍向後撤退，鞏固首都，應付此嚴重局面，後來汪精衛知已上共產黨之當，不能再合作，乃與南京謀和，蔣公覺得黨內如再分裂下去，直接幫助共產黨製造機會，且不願削弱黨之力量，為促成寧漢合作，喚起黨內團結，適應當時之環境，因此毅然潔身引退，以促成雙方團結之實現，在滬發表下野宣言。蔣公突然辭職，使革命軍驟失統帥，軍事陷於停頓，全國人民亦驚惶失措，紛紛通電要求蔣公打消辭

意，並舉行盛大示威遊行，要求蔣公復職，五期全體同學如失慈母，心情黯然，形成全校群能無首狀態；連分發工作亦乏人主持，幸得第一路總指揮何應欽將軍來校負責，當余被分發至駐紮於龍潭下蜀一帶之陸軍第二十二師，當離校赴該師報到之際，甫抵下關車站，未及登車，即遭孫傳芳駐屯浦口之砲兵猛烈轟擊，下關居民紛紛逃避，情形緊張，同學中不幸有數人罹難；數人重傷，余仍依原定時間，往龍潭二十二師師部報到，旋即派往該師六十五團一營三連充當見習官之職。

時黨軍雖已奠定東南，惟殘餘軍閥尚未全數肅清，又值本黨寧漢分裂，黨內紛爭，徐州得而復失，清江浦、臨淮關、蚌埠等要地相繼失陷，軍閥孫傳芳以有機可乘，遂於同年八月中旬，糾集七八萬之眾，長驅直下，進逼浦口，乘夜霧彌漫之掩護，親率大軍分由望江亭、划子口、大河口三處強行偷渡江南，其主力進犯龍潭、高資、下蜀、堯化門附近等地區，滬寧路亦已截斷威脅南京，窺伺上海！本師駐防龍潭下蜀一帶，首當其衝；奮勇爭奪，敵我傷亡慘重，龍潭江畔屍橫遍野，血流成渠，我軍曾經力戰數晝夜，仍無進展，曾經數日既無進食，亦無睡眠，滿身污泥，面目全非，本連黨代表、連、排長、副排長、見習官、班長、士兵負傷未死連余僅剩七人，但無法退下，雖受槍傷，仍繼續作戰，可見戰況空前激烈，二十九日我前綫後退至堯化門、棲霞山、秣陵關一綫設置陣地固守待援，以粉碎敵人之企圖，幸得何總指揮及時急調部隊來援，九月一日我軍主力照預定計劃從各地逐次到達戰場，由何應欽、白崇禧、李宗仁等三將領指揮又由廣東方面檄調北上之海軍五艘兵艦，亦到達龍潭附近江面，對南北兩岸敵軍予以封鎖，此時敵軍形成背水作戰，腹背受敵，於是我軍全綫總反攻，再加滬寧綫東、西兩方夾攻，又有二十一師為左縱隊進擊黃龍山，鏖戰數小時始將黃龍山之「八五四」高地及青龍山之「八五九」高地佔領。

　　時孫逆傳芳及其重要將領均在龍潭督戰，故敵軍亦非常勇猛，酣戰甚久，黃龍山始全為我方佔有。否則戰況之變化，實不堪設想！歷時六日，卒將渡江之敵全部消滅，龍潭戰後，何應欽將軍輓烈士聯云：「黨國存亡關一戰，龍潭碧血耀千秋。」斯聯可概見是役之全貌，亦為余軍校畢業後參加戰役之開始。

　　此役余再度負傷，就醫於南京第一後方病院，迨戰事結束，本師奉命縮編為陸軍第一師第二旅，師長胡宗南改任旅長。余傷癒歸隊，派任第四團第一營，陳營長緻屬下第三連，蔡連長挺起連上任中尉排長。十一月初旬，繼續渡江，隨軍出發津浦路，至明光車站下車，向安徽鳳陽之敵挺進，復經四晝夜之激戰，克復鳳陽臨淮關、蚌埠、固鎮、符離集、宿縣、銅山口子房山佔領徐州，此役敵軍損失慘重，遂向山東方面敗退，我軍乘勝追擊至韓庄之運河，完成二期北伐，佈防渡冬。

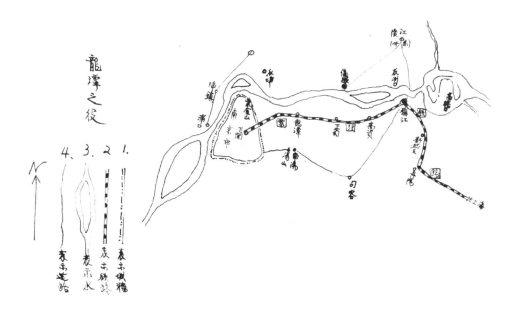

　　蔣公自寧漢分裂後，為促成寧漢合作，喚起黨內團結，毅然辭職，決心出國考察東渡日本月餘，【蔣】公以國內各方函電促歸甚急，即行返國，國內人心為之一振。十二月一日，即在上海與宋美齡女士結婚，婚後不久，遂發表致中央全體監察委員書，呼籲以黨之利益為前提，謀今後確實永久團結。本黨第二屆四中全會，乃於同月十日在上海召開第四次預備會議，通過請蔣公繼續執行總司令職權，同時國內外各級黨部，各地民眾團體，舉國上下函電紛馳，一致敦請復職。至民十七年戊辰（公元一九二八年）一月二日，國民政府電請蔣公回京復職，【蔣】公以革命責任不容逸豫，乃與譚主席延闓同車進京，中央政治會議決議任蔣公兼國民革命軍第一集團軍總司令，復行領導國民革命，並重新部署軍事，分三個集團軍，馮玉祥、閻錫山為第二、第三集團軍總司令，統受蔣公指揮。蔣公以部署軍事完成，乃於四月七日下動員令，並發布誓師詞，同時親自校閱部隊，向全體官兵訓話，勗勉北伐將士：「此次總攻擊開始，要三個禮拜下濟南，三個月之內完成北伐。」校閱畢，全軍進入攻擊準備位置，十七日拂曉，實施全面總攻，第三次北伐開始。

　　本連奉命向韓庄附近之六十子村庄敵軍陣地猛攻，余率領全排奮勇爭先，攻下重點，掩護全軍渡過運河，完成任務。是役戰況至為慘烈，營長陳餤、副營長夏季屏、連長蔡挺起，均告受傷，本連二、三兩排排長陣亡，全連士兵僅剩十餘名，余亦負傷，療傷於徐州野戰醫院，與陳營長、夏副營長、蔡連長等同一病室，恰在此時，忽接家報，驚悉家父棄養！享年五十有二，噩耗傳來，悲痛欲絕！！原擬遄返奔喪，奈傷勢非輕，行動維艱；陳營長、夏副營長等，勉余移孝作忠，不得已勉抑哀思，打消歸計。慨余自中學畢業，參加東征，投考黃埔軍校，獻身黨國，戎馬倥傯，久乏定省，已虧子責！而今復不能親視含殮，內心至感不安、不孝之罪，昊天罔極！！

　　當時國民革命軍總司令蔣公行轅設在徐州，乃具呈親赴行轅，由萬副官全策陪同晉謁，蒙蔣公召見，並賜賻儀壹佰元。又報由梁團長華盛轉呈胡旅長，亦蒙贈賻儀壹佰元，乃將該款悉數滙回，以表寸心！余之能國爾忘家，公爾忘私，使余數十年來能為黨國稍盡匹夫之責，未嘗不是受陳營長，夏副營長等當時一番啟迪，有以致之也。事後吾等四人，又轉送南京細柳巷後方醫院續醫，當時全國除北平及東三省外，均已完全統一於青天白日旗幟之下，此時日本軍虎視耽耽，眼看蔣公復職，國民革命軍繼續北伐，深知山東張宗昌抵不住國民革命軍雷霆萬鈞之勢，不久中國就要完成統一，成為富強康樂國家；且獲悉我軍攻下濟南，日本軍閥福田師團，突在濟南向我軍尋釁；並佔領膠濟鉄路全綫與津浦之黃河鉄橋，企圖阻撓北伐大業，我外交部長臨時辦公處暨交涉公署，為日軍侵入強行搜查，戰地政務委員會蔡公時等十六人同時被害；軍民死傷逾千，造成「五三慘案」，企圖迫使國民革命軍直接與其衝突，引起中日戰爭，阻我北伐。蔣公洞燭其奸，乃忍辱負重，極力避免與日本軍閥衝突，同時命守軍第一軍第一團，由小東門衝出，方振武軍由小南門突圍，星夜渡河，仍隨蔣公分途繞道濟南向北挺進，致使日本軍閥鬼計無法得逞。此乃民國十七年五月三日慘事，在國民革命史上振動全國「五三濟南慘案」。

　　當時北京張作霖，亦深知無法在關內與北伐軍對抗，只好退回東北老巢，時國民革命軍第三集團軍總司令閻錫山先生，統率晉軍，遂於六月八日東北軍退出時佔領北京，北伐至此告一段落。惟日本軍閥向來痛恨張作霖不做其傀儡，現在又眼見其無法阻擋革命勢力進展，不得不退回東北，非常不滿，於是動了殺機謀殺張作霖，使東北軍群龍無首，陷於混亂局面，好趁火打劫。張作霖六月二日離北京乘專車回瀋陽，六月四日經過皇沽【姑】屯時，日本關東軍河本參謀，預先埋置炸彈，準確爆炸，炸毀張作霖乘坐之車廂，使張作霖受了重傷，

回瀋陽不久即行死亡。張學良得知噩耗，偵知日本軍閥不但炸死其父同時亦要謀害他，於是化裝成士兵，混入京奉路（後改北寧路）三等車廂，迅速趕回瀋陽，不露任何破綻，穩定了東北局勢，使日本軍閥如意算盤又告落空。張學良既痛恨日本軍閥，亟思報殺父之仇，而國民政府又必須統一全國，東北一隅難以對抗，為他自身計，為國家計，都不允許割據局面繼續存在。再日本軍閥已知張氏長子張學良繼承統治，對於此一新統治更加巨大壓力，企圖使張學良完全馴服，以達到他宰割東北三省之目的，可是張學良在當時可算是一個比較有國家觀念之青年將領，彼深知澎湃革命怒潮非任何人可以抵擋得住，同時對於謀害其父之日本帝國主義者猙獰面目恨之刺骨！因此促成他歸順國民政府之決心。乃派遣其參謀長鮑文樾，與國民政府往返接洽歸附中央問題，並協助國民革命軍解決盤據灤州附近之張宗昌、褚玉璞殘部。至九月二十三日，灤河以東才得平定。十二月二十九日，張學良、萬福麟、張作相、常蔭槐、袁金鎧、湯玉麟、翟文選等實行易幟，通電服從國民政府。因張學良深明大義，受蔣公感召聯名通電服從中央當時任命張氏為東北邊防司令長官，成立東三省省政府。當時東北易幟，事前慎密佈置，實出日人意料之外，迨青天白日國旗招展全市後，日人至為驚訝，亦無法再施其阻撓伎倆，中華民國十幾年分崩離析，在蔣公領導下，僅僅兩年，就創造成一個嶄新之統一局面。蔣公大智、大仁、大勇、功績巍巍，得確是劃時代的偉人。

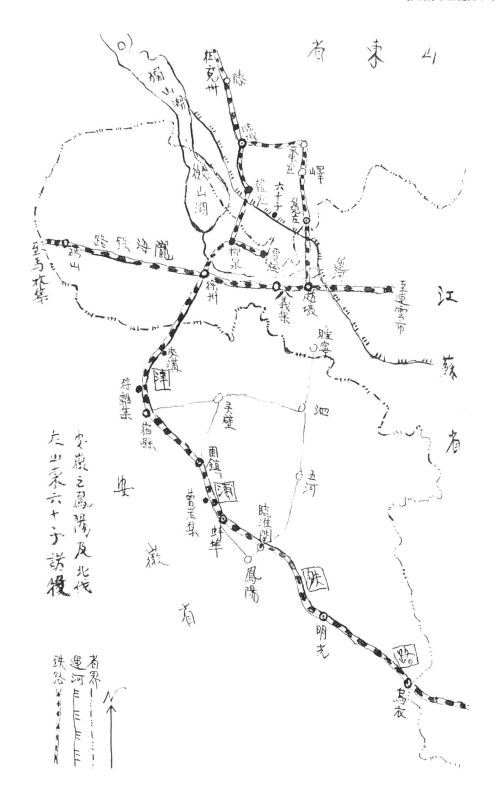

第三次北伐奉命進攻
韓庄附近六十子村庄
敵軍陣地掩護全軍渡
河是役戰況至為慘烈
營長副營長連長及余
等均負傷至十八年春
傷癒返部調升上尉連
長在北徐卅攝此影畱念

混戰・剿共・軍統

第二章

CIVIL WARS,
SUPPRESSION OF
THE COMMUNIST PARTY,
AND JUNTONG

　　本章內容主要以民國 17 年（1928）國民革命軍北伐成功後，至
22 年（1933）郭斌在西子湖畔經胡宗南介紹，結識戴笠加入軍事委
員會調查統計局後為其斷限。

　　北伐成功後，郭斌隨著連年戰役的成功，在服役的野戰部隊中也
逐漸提升其軍中階級，至中原大戰時，當時郭斌在胡宗南兼任師長的
國民革命軍第一師中擔任營長，在柳河車站一役中，為掃蕩敵軍，郭
斌身負重傷，胸口中彈貫穿肺部，後送至野戰醫院後，醫官認為傷勢
太重無法救治而直接將其推入太平間，但同院的醫護人員不忍乃將其
轉送到徐州教會基督醫院，經該院醫師一週的急救後傷勢逐漸好轉，
之後轉到南京的中央醫院養護。在養傷期間，郭斌在南京認識了第一
任妻子楊芳，並與之結縭，懷孕後不幸流產血崩而不治。數個月後，
家中親友均勸其續絃，在親友的介紹下認識了自星島歸來的陳芬，相
處數月後遂成眷屬。之後在胡宗南的介紹下認識了戴笠，從此跟隨戴
笠從事情報工作，逐漸為其倚重而受與重任。

　　有關本章郭斌撰寫之回憶錄大致內容，節略如下：

- 國民革命軍北伐後各方軍系的情勢
- 中原大戰各方勢力的分析與戰爭經過
- 郭斌在中原大戰中負傷、養傷經過，蒙委員長蔣中正親自探
  視並致贈慰問金
- 九一八事件後蔣中正的安內攘外國策
- 郭斌兩度結婚及親族長輩相繼逝世
- 淞滬一二八事件經過
- 民國二〇年代初剿共經過
- 郭斌進入國民政府軍事委員會調查統計局
- 西安事變中有關戴笠前往西安始末

The time period of this chapter begins with the completion of the Northern Expedition in 1928 and ends in 1933, when General Kuo Pin met with Dai Li in the bank of the West Lake through the introduction of Hu Zongnan and joined Dai's intelligence mission.

After the Northern Expedition was completed, General Kuo was promoted in military rank due to the success of a series of battles. During the Central Plains War, General Kuo served as battalion commander in the First Division under Hu Zongnan as the division commander. During the battle at Liuhe Station, General Kuo was shot in the chest and seriously injured while pursuing enemy troops. When brought to a field hospital, the medical officer proclaimed his injuries too serious for treatment, and instructed staff to send him directly to the hospital morgue. Thankfully the medical staff could not bear it and instead transferred him to Xuzhou Christian Hospital. After a week of intensive medical treatments, General Kuo was transferred to Nanjing's Central Hospital for post-intensive care. While recuperating from his injuries, General Kuo met and married his first wife Yang Fang in Nanjing. Unfortunately, Yang suffered complications after a miscarriage and passed away. A few months later, General Kuo was introduced to Chen Fin by relatives and friends, who had just returned from Singapore. After dating a few months, General Kuo and Chen Fin married in 1931. Through the introduction by General Hu Zongnan, General Kuo met Dai Li in 1933. From then on, he followed Dai Li to engage in intelligence tasks, and gradually became Dai's right-hand man.

Key content topics and events included in this chapter:

- The situation of the various military factions after the Northern Expedition.
- General Kuo's multiple injuries; and recuperation during the Central Plains War, Generalissimo Chiang Kai-shek personally visited him.
- After the Mukden Incident, Chiang Kai-shek's "To resist foreign aggression

there must be internal stability" policy.

- General Kuo's two marriages and multiple family losses.
- The January 28 Incident in 1932.
- The campaigns of suppression of the Communists in the early 1930s.
- General Kuo joined the *Juntong*.
- Dai Li's trip to Xi'an during the Xi'an Incident.

　　民十八年己巳（公元一九二九年）一月余傷癒，陳營長調升本旅第五團團長，余亦蒙調升該團第一營朱營長鼎深之第三連充上尉連長，駐紮徐州九里山營房。時全師各團士兵常有携械潛逃情事，各連連長為防止此事發生，每日出操後，將全連士兵槍枝集中連部保管，並改用大刀守衛。余認為此種作風更加引起士兵不滿，除向全連士兵告誡，曉以大義，如携械潛逃，處以極刑外，並望大家爭取榮譽，槍枝仍由各人保管，學術兼施，且以身作則，處人以恕，處事唯誠，生活儉樸，刻苦耐勞，自奉節約，既無奢侈之習，又無享受之念，與士兵同甘苦，對士兵營養，則特別注意，夜間親自巡視各班士兵睡眠情形，並代為蓋被，革除官僚作風，注意士兵日常生活，視士兵如手足，與士兵共同生活，體察下情，養成忠義風氣，潛心整飭，切實管理。數月後，已奏大效，蔚成模範連，影嚮【響】全師各連，極荷上峰嘉許。奉調至師部負責警戒任務，使全師各連連長刮目相看。

　　此時國民革命軍雖是統一全國，中華民國理應步上建設之康莊大道，可是多難國家，並無真正得到和平。北伐完成後，蔣公召集全國軍政首要，協議編遣龐大而紛雜之軍隊，建立國防軍，以便埋頭建設，實行三民主義，不料當時少數統兵將領，狃於擁兵自衛割據積習，佔據地盤之惡習，陽奉陰違，加以政客奔走播弄，因此常有叛亂情事，目無綱紀。如李宗仁所部桂軍，地方色彩濃厚，國人皆以「桂系」稱之，南京龍潭之役後，唐生智自湖北遣兵東下，進逼南京，李宗仁奉命率兵西上，逐唐生智，入據武漢，擬囊括湘、桂自成體系，態度即形轉變。時湖南省主席魯滌平，將湖南稅款依法解繳中央，而李欲截留於武漢政治分會，魯不從，竟為李所逐。

　　李濟琛亦為桂系巨頭之一，到南京出席三全大會之際，政府獲其文件，證明兩李均有叛亂企圖，而李宗仁之逐魯違抗中央命令，其部

屬桂系胡宗鐸、陶鈞則盤踞武漢，勾結鄂系游離份子，於同年三月，稱兵抗命，中央乃決心討伐；本旅奉命西征，由徐州南下，乘輪至安慶登陸，經安徽之潛山太湖，至湖北之黃陂，直撲漢口，沿途秋毫無犯，民眾夾道歡迎！由於桂系李明、楊騰輝兩師，及鄂軍效命中央，兵未血刃，敵已聞風喪胆，全軍瓦解，願無條件接受中央裁遣。本營又奉命討伐李宗仁，進至賀勝橋，該橋扼武長路要衝，我軍突至，殊出李宗仁意料之外，桂系湘、鄂聯絡中斷，武漢頓成孤立，李軍不戰而遁去武漢復為政府所有。

同年五月十六日，馮玉祥部孫良誠破壞平漢、隴海兩路交通，陰謀叛變，本旅奉命經平漢路往確山，向駐馬店搜索前進。本營奉命攻打距鄲城二十餘里之北舞渡，經一晝夜苦戰，敵人即向新鄭敗退，我軍啣尾追擊，卒將叛軍消滅於新鄭、嵩山一帶。本連被配駐距嵩山中嶽廟六十華里之郭店街候命，數日後，忽有一人由前綫向本連排哨前來，經余偵詢，彼界余名片上書第五路軍總指揮唐生智，謂路過本連防地，欲往中嶽廟參見唐副旅長俊德（唐亦湖南人）等語。余即報請陳營長定奪，至晚間，遂奉命漏夜撤回新鄭，經一夜急行軍一百八十華里，全連官兵疲勞不堪，到新鄭車站，乘火車回漢轉往咸寧防守，必要時，可保護汀泗橋。

同年十二月，戰局粗定，推測任第五路總指揮重任之唐生智有叛變之企圖，至同月五日，果然據鄭州叛變，與石友三相呼應，引軍南圖武漢，政府遂下令討伐，於是又奉命由咸寧經漢口，乘火車北上，兼程經武勝關，以達明港。時值隆冬，風雪紛紛，掩沒路軌，車行極慢，及抵確山車站，全旅步向確山以東之劉店附近瓦崗一帶發現敵踪，陳團長命第二營蔡仲營長率部向劉店正面攻擊，三營王營長耀武除率領全營外再加第一連李連長雄標一連協攻左右兩翼，自薄暮開

始，至午夜毫無進展，敵軍數度衝殺，終未得逞！搏鬥慘烈，天明視之，橫屍遍野，雪地斑斑盡赤！戰鬥暫停之際，雙方隔壕喊罵，我軍喊問：「你們為何不做革命軍，而要跟唐生智反革命？」敵軍回答：「我們也不願打」，因知敵軍心有動搖模樣，旋偵知敵有三師廣西部隊，將此情形詳報陳團長，當奉命勸降，一師投誠後，另兩師廣西部隊遂為敵所監視，其勢頓挫！同時本連初為預備隊，嗣奉命加入攻擊正面，受命後，即與蔡營長商議，謂如果聽到余指揮之機槍排火力昌熾開始時，請貴營各連亦同時猛烈進攻。

經商妥後，余對全連官兵宣佈，若攻入村庄後，上峰規定只准燃燒螢光火連絡，不准火燒民房，但老百姓堆積喂牛馬之稻草堆，並未在禁燒之列，為下雪時間減少目標起見，命全連官兵將棉大衣白裡子反穿，乘拂曉以前風雪彌漫之際，大家匍匐前進，派第一排設法迂迴敵後，派一班潛入村庄燃燒稻草堆，餘二、三兩排及機槍排達有效射程時，候余命令始准還擊，儘可能靠近村庄，然後以猛烈火力急攻，搏鬥慘烈，使敵人注意力轉移，俾第一排乘敵不備之處潛進村庄放火，此役雖能照計劃實現，但因火勢太大，損及靠近稻草堆之少數民房，敵人發現大火，紛紛撤退，左右兩翼敵人，目睹據點大火，亦同時倉惶潰敗，我軍鍥而不捨追擊至漯河，周家村附近又遭受友軍斷其後路，唐逆進退失據，乃全部繳械！唐生智既敗，石友三旋亦悔悟，政府特以寬宥，令其移防河南。

此役戰事結束後，陳團長召集全團連長以上檢討戰果，並追究劉店火燒民房責任，當時蔡營四個連長均推及本連，謂第三連先攻入放火，待團長詢余，余即將計劃及准第一排一班士兵放火燒稻草堆，安知火勢過大，無法控制，損及草堆附近之少數民房，實無意違抗命令！當時若無余施行放火燃燒，敵方定不輕易放棄陣地，我軍彈藥不

知消耗多少，而官兵傷亡，誠無法估計，戰事亦不能如斯速決；經陳團長據情報請議處，上峰認為余事出無意，不但不加處罰，反得記功一次。此役朱營長為流彈所傷，就醫後方，余奉命補升營長，回師武漢。數日後，又奉命由漢乘輪抵浦口，乘火車往徐州九里山營房整訓，經此數役戰鬥，此後陸軍第一軍戰無不勝，攻無不克，聲譽遍傳，凡是敵軍，均聞風喪胆，畏蜀如虎，甚至有許多友軍部隊，為戰略需要，均臨時改懸本軍旗幟，藉以唬嚇敵人。

不久馮玉祥為確實瞭解本軍優點，專函劉總指揮，擬派李副總監率領僚屬前來徐州參觀，除函復無任歡迎蒞臨指教外，並即令大家準備，另由徐副師長庭瑤，迅即計劃檢閱項目，及各單位受檢時所站位置，並指定表演營連，經一週準備，每天加緊練習表演動作，及全軍集合隊形，唱國歌、呼口號等動作，到了檢閱日，除砲兵、騎兵先行集合外，步兵則整裝在營房內各連連部門首架槍休息，聽候號音跑步前往指定位置集合；是日，當劉總指揮陪同李副總監到九里山大操場，只有砲兵、騎兵在場，而未見步兵，劉總指揮即令跟隨司號長吹緊急集合號，各連亦隨之吹緊急集合號，候號音停止，不到五分鐘，全軍集合完畢，由徐副師長報告受檢人數，劉總指揮即面責徐副師長，為何不按時集合？徐即看看自己手錶，謂尚未到達規定集合時間以對，但李副總監鑒於集合動作迅速、確實、整齊，極感驚佩；檢閱畢，亦不看演習，即登臺訓話，本軍迅即變換隊形，圍集於訓話臺三面，全軍高唱國歌，訓話畢，喊口號，聲音整齊劃一，莫不為之欽佩。

不久馮玉祥以中央之裁兵國策編遣軍隊，損其實力，抗不遵行，破壞國家統一，而陝西旱災嚴重，兵多餉益不足，早懷擴展地盤之逆謀，與稱亂武漢之李宗仁互相勾結，旋自稱：「護黨救國西北軍總司令」，企圖東出潼關，進犯中原，南下陝南，圖取武漢。胡旅長宗南

奉命移駐襄樊，防守鄂北，南下之馮軍，遭受本旅所擊退，其東出之師，亦未得逞，馮之逆謀，暫行戢止。但因其主力損失無多，故於民十九年庚午（公元一九三〇年）春，又參加汪精衛在北平（北伐完成後北京改為北平）召開「擴大會議」，來作號召，勾結閻錫山，集陝西、山西、河北各地不逞軍人，其兵力達六十萬人，企圖大舉摧毀中央政府，通電叛變由陝、晉分兩路侵入豫、魯兩省，華北、華中一帶人心浮動，廣西方面李宗仁軍復侵入湖南，連陷長沙、岳州，各方情勢皆甚緊迫。惟蔣公深知戰局重心在此不在彼，故決督令各軍先摧破隴海綫逆軍主力，政府遂於四月五日下令討伐，會戰中原！

胡旅長兼第一師師長，在敵前受命，率部沿隴海路西進，師次馬牧集，俘獲萬選才之弟萬殿尊，並擊潰其一師之眾，進而取寧陵及柳河，據俘虜萬殿尊所說，敵軍作戰計劃，以馮玉祥軍沿隴海綫東進，閻錫山沿津浦綫南進，明瞭其作戰計劃後，胡師長遂下令迅速攻下蘭封，本營進至民權車站附近之賀村、張樓西時，即與馮軍鏖戰，經數度衝殺，攻下民權車站！此時閻錫山所屬傅作義部，由青城渡河南犯泰安，突襲山東，入濟南，乘勝南犯，以三師之眾，圍攻曲阜，韓復渠部節節敗退，胡兼旅長奉命前往增援，以解曲阜之危，將蘭封民權車站防地，交熊式輝之第五師、張治中之教導師及第八師等三師接防。本旅即乘火車出發，車抵柳河車站，敵方偵知防守部隊軍帽，及官長著長統皮靴，判斷本旅他調，大舉反攻，民權車站又告失守，同時柳河車站遠處亦發現另一股敵踪，當時委員長蔣公蒞臨該站車上瞭望，認為局勢不佳，即令胡兼旅長留一團掃蕩柳河車站附近敵軍，其餘開倒車返回收復民權車站，由陳團長率領本營奮勇衝殺，戰況激烈，卒將該站奪回！

團長與余均負重傷，余傷在胸部，彈由胸膛貫穿肺部，血流如注，

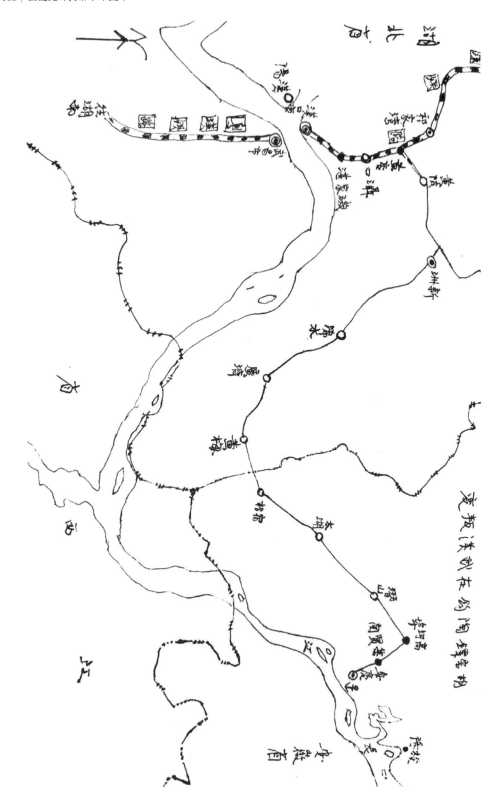

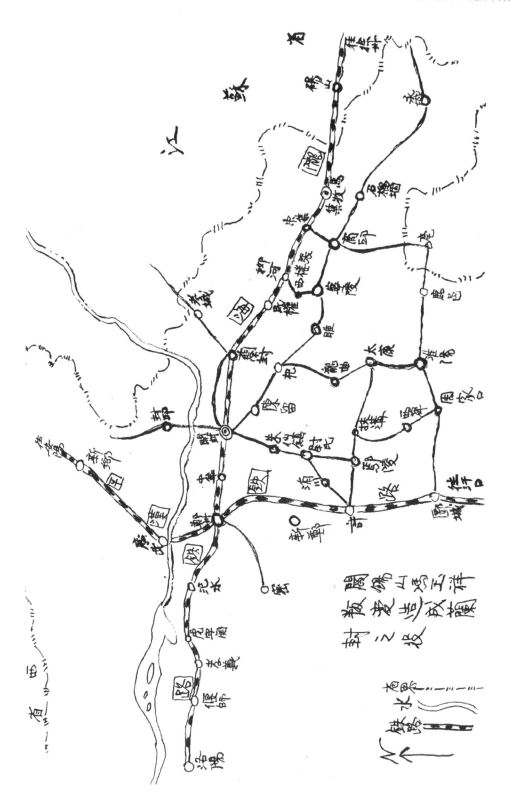

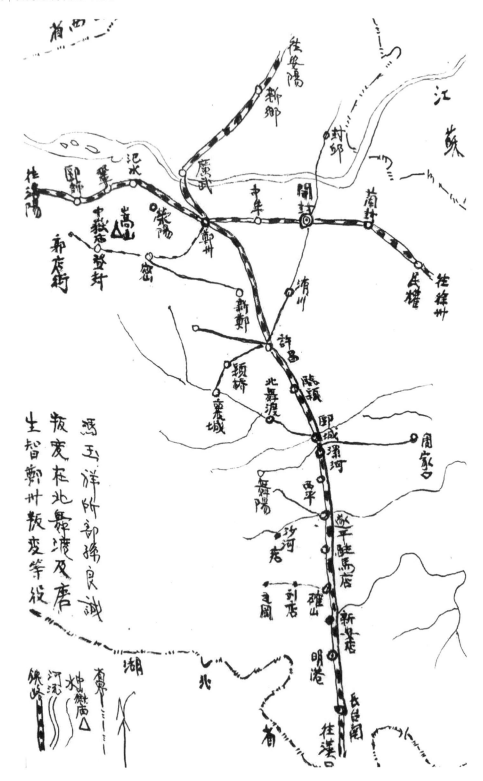

唐逆生智叛變奉命
討伐時朱營長負傷
余在陣前補升營長
至闊瑪叛變余奉命
收復民權車站彈中
胸部在北徐州基督
医院治療數月後在
北徐州攝此影留念

傷勢嚴重，昏迷不醒；幸得號兵及勤務兵機智，背負余匍匐後退里許，抵一村庄，又遇敵騎襲擊，勤務兵佯死不動，方免槍刀；迨至第二綫戰壕內裹傷止血，至師部衛生處，又經陳處長親自再行換藥，亦不能止血，胡兼旅長詢及余和陳團長之傷勢，陳處長答恐余無生還之望，即發給喪葬費，並派員護送陳團長及余乘火車抵徐州野戰醫院。抵院時，血仍流不止，奄奄一息，群醫束手！認為無法救治，置余於太平間，護送人員不忍，乃轉送徐州教會基督醫院，該院醫師以余傷勢嚴重，初亦不肯收容，經護送人員再三懇求，並偽稱余為團長，始允盡力救治。經一週急救，危險期漸過，入院匝月，承蒙委員長蔣公在百忙中躬臨探視，並贈慰問金壹仟元，面諭該院主持人，候余能行動時，即移住南京中央醫院留醫。

斯時張學良通電擁護中央，率領東北軍進入山海關，形成對閻、馮聯軍南北夾擊之勢，於是聯軍瓦解，促開「擴大會議」。張學良即從閻百川處接收其父所失之北平，張以國民政府軍事委員會北平分會代委員長身份坐鎮北平，全部東北軍幾乎開進關內，致東北空虛，使日本軍閥有侵略之機會。終於民二十年辛未（公元一九三一年）九月十八日，藉口「中村事件」，突襲瀋陽，進佔北大營，擴大佔領東北三首「遼寧、吉林、黑龍江」，如探囊取物，即所謂九一八事變！敵軍變本加厲，野心勃勃，由蠶食而鯨吞，全國朝野受此刺激，群情忿怒，既痛恨日閥侵略行為，更對張學良不抵抗喪失國土，痛心疾首！於是輿論譁然，民心沸騰，群起請求懲辦張學良，並對日宣戰！而共產黨及反動派，復從中乘機煽動，愛國學生罷課遊行請願，冀能造成大動亂，擴展其組織，當學生爭赴南京請願被阻於各地火車站時，學生起而反抗，佔據車站者有之，集體臥軌阻止通車者亦有之，使全國交通陷於癱瘓，全國各大都市變成混亂狀態！英明蔣公，多方開導，

並召見部份青年代表，以三天期間，徵詢其對九一八以後局勢如何處理，提出具體意見。至期，彼輩咸主張對日宣戰，理由是：「不戰而喪失國土與民心，日本軍閥侵略復無止境，導致亡國滅種，與其不戰而亡，毋寧玉碎不為瓦全！」蔣公認此主張犯有幼稚與錯誤觀念，當即昭告：「為個人著想，與敵一戰，固無論勝敗，可造就個人民族英雄，受國人崇敬。但若顧及國家利益，就不能過於衝動盲幹，須知目前我方力量尚非對抗敵人之時，明知戰不勝導致亡國，而逞一時之忿，孤注一擲，致人民財產於不顧，余身居統帥對國家負責，自應慎思明辨，研究萬全之策，方得為之，所以余寧願忍辱負重，受全國人民之責備，在所不惜，蓋現時全國軍民當臥薪嘗胆，生聚教訓，養精蓄銳，準備一切可戰之力量，此乃國家努力之目標與方向，二十世紀二十年代之中華民族，正處在內憂外患中，自身力量既不足以對抗外來侵略，而共產黨武裝部隊，又盤據江西之瑞金一帶，威脅首都南京，隨時待機準備顛覆政府，搶奪政權，所以對日閥作戰，首先要剿滅共匪，除心腹大患，方可以言對外。」

基此理由，賢明蔣公，定下最正確決策，向全國人民宣佈：「攘外必先安內」，「九一八」雖失東北，日閥扶持傀儡組織偽滿洲國亦不足動搖民心，更可喚醒民心，精誠團結，滙成一新興力量，全國上下，在蔣公號召之下，同心協力，奮發圖強。於是整軍經武，對於裝備與訓練週詳研進，成為現代化部隊，同時軍事幹部，必須符合革命要求，方能留在軍中工作，加重責任，其落伍腐敗者，一律淘汰。因此軍紀嚴肅，領導得人，加強團結，備戰工作就緒，蔣公為團結禦侮，曾委曲求全，力謀與廣東方面商談合作，並一再電促粵方人士來京共商國是，而彼等堅持「要蔣公下野」，拒不赴京。蔣公為促成內部團結，共赴國難，故毅然引退。但全國上下聞蔣公引退，驚怖萬狀！紛

紛來電挽蔣公復出，同時本黨第四屆中央執行委員會第一次全體會議推舉蔣公與汪兆銘、胡漢民為中央常務委員，並選任林森為國民政府主席，孫科為行政院院長，張繼為立法院院長，伍朝樞為司法院院長，戴傳賢為考試院院長，于右任為監察院院長。

余斯時在中央醫院就醫，體力漸漸康復，蒙胡師長特准赴杭州休養，奉命之餘，正擬辦理出院赴杭州時，忽遇軍校同學雷振愷兄，並為余介紹認識南京丹鳳街楊芳小姐，相處不久，互相了解，情投意合，經其父母同意，許定終身，可謂天作之合，旋在南京中央飯店舉行婚禮，余之終身大事告成。是時先祖父年已逾耋，先慈亦近耳順，風燭殘年，不勝動遊子思鄉之念！遂乘休養之機會，攜眷返里，思效古人菽水承歡，弗料好景不常，盛筵難再，先祖父、家慈、最小四弟柏全，相繼棄余長逝。自先父去世後，全賴先慈維持全家生活，余以未盡人子鞠養之責，抱憾終天，時內子身懷六甲，連受三次打擊，勞累過度，忽告流產，旋變血崩，群醫束手，未幾魂歸離恨，一遍喪幡，簷端高掛，短短數月，遭此不幸，苦不堪言！！雖有兩弟陪伴，終感伶仃，寢食難安，軀體日益消瘦，終日悶悶不樂，經鄉中父老戚友百般慰勸，要余勉節哀思，善自珍攝。數月後，勸余續弦，並為余介紹近由星島歸來之陳芬小姐相識，相處數月，彼此性情及志趣均相投，並得其父母同意，遂成眷屬。

余為避免觸景生悲，於民二十一年壬申（即公元一九三二年）春，遂偕芬妹及三弟柏昌同赴杭州，在望仙橋牛羊司巷與解培冥同學之妻涂亦珍同住。余家眷安置妥當即歸隊參與皖西一帶剿匪，與徐匪向前殘部，惡戰於霍邱葉家寨，並進剿共匪老巢─金家寨，（後改為立煌縣）。徐匪因豫、鄂、皖已無法立足，乃西竄陝川而鄂西，而洪湖之賀龍股匪，亦已敗竄鄂邊鶴峰。至是豫、鄂、皖三省之匪遂全部擊潰

皖西剿匪於霍邱
葉家寨之煌一帶

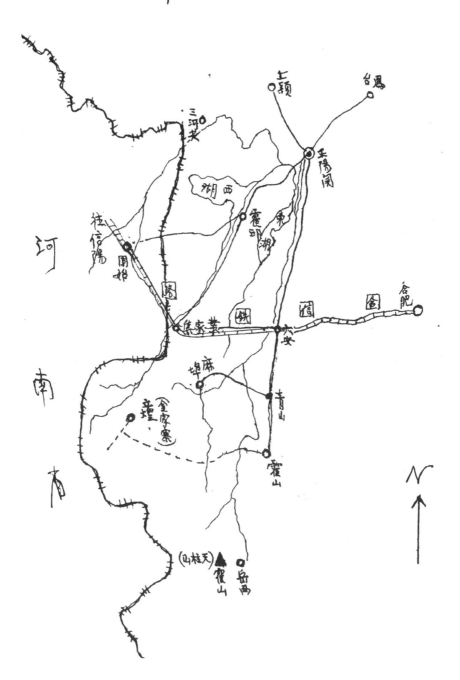

矣。在進剿共匪老巢，目睹共匪所到之處，廬舍為墟，壯者散於四方，老弱死於溝壑，滿目瘡痍，令人髮指，此役余雖能勉強隨軍作戰，祇因傷後體力較弱，又告吐血，奉准仍赴杭休養。

同年一月二日，中央政治會議緊急會議決定，由國民政府主席林森，行政院長孫科，敦請蔣公返京共商大計。蓋自「九一八」事變後，日軍侵略日亟，國內匪禍滋蔓益甚，外患內憂，交相煎逼，民心士氣阢隉不安！舉國上下，無不翹企　蔣公重主大政挽救危局。同月十二日立法院院長張繼，及前敵剿匪總司令何應欽聯袂赴奉化促駕。十四日，蔣公由奉化至杭州，發表談話申明：「願以在野之身，盡個人之職責。」二十一日孫科、汪兆銘等黨國要人，相繼抵杭，敦請蔣公回京。而各中央委員及各省軍政首長、民眾團體，亦紛紛籲請蔣公復出，挽救危局。蔣公公忠體國，自不忍恝然置身於度外，乃毅然入京，力任艱鉅！

日本軍閥在不抵抗主義之下，順利佔領我東三省後，殊感躊躇滿志，是以得隴望蜀，野心益熾，乃擴大侵略，繼而擾亂上海，先是二十日，藉口上海排斥日貨，唆使日本浪人焚毀三友實業社工廠，並搗毀我虹口一帶商店，我上海市吳市長鐵城，曾向日本領事提出口頭抗議，該領事已允道歉懲兇賠償。不料，日本海軍艦隊司令官塩澤，竟於二十二日誣稱，有日本僧人五名被殺為辭，提出「解散抗日團體」，及「取締排日行動」相威脅！並增調海軍來華，準備發動大規模侵略。二十六日，上海日領事向我市政府提出最後通牒，反而要求「道歉賠償懲兇，及制止反日行動」，一面集中日艦在黃埔江示威，同時調集日陸戰隊登陸佈防。我上海市政府鑒於事態嚴重，仍委曲忍讓，如限予以答覆。日本海軍艦隊司令官塩澤，以其預謀既已得逞，妄冀一舉佔領上海，遂於二十八日夜十一時十分突以海軍陸戰隊，及

便衣隊四千餘人，藉鐵甲車為掩護，分四路向我閘北，及虹江路、青雲路、天通庵等地進犯，我軍守土有責，遂奮起應戰！蔣公見國勢危急，為安定軍心，鼓舞士氣，親臨首都中山陵園，協助指揮淞滬戰事，敵我展開攻防戰，相持月餘，至三月十九日，由美、英、法三國出面調停，雙方同意簽署停戰協定。五月六日，日軍開始撤退，至三十一日全部撤完，淞滬「一二八」戰爭，至此遂告結束。

蔣公兼任豫、鄂、皖三省剿匪總司令，至六月九日，蔣公於廬山召集豫、鄂、皖、贛、湘五省剿匪會議，宣佈「攘外必先安內」，確定第四次圍剿計劃，以七分政治，三分軍事兼施並進，又頒發「自新悔過條例」允被匪脅從者，准其具結自新。同時建立保甲自衛組織，蓋我軍於民國二十年秋實施第三次圍剿，眼看贛、閩、粵邊區共匪勢窮力蹙，聚殲可期，詎「九一八」事變發生，我剿匪軍抽調北上，以致功虧一簣！共匪並即於此時，公開號召「在國民政府統治區域，工人罷工、農民暴動、學生罷課、商人罷市，致有部份士兵受其誘惑譁變，一致進行顛覆政府陰謀！」並連陷贛縣、南雄、漳州，利用對日口實，煽動民心，從容坐大！及「一二八」事變繼起，共匪又乘政府抽調贛省鄲匪部隊至江蘇、浙江一帶禦敵之際，四出竄擾，公然以湘、鄂為湖沼游擊區，以贛、閩、浙為山岳游擊區，以豫、皖為平原游擊區。

計此時共匪於此七省境內蠢動者，即有所謂「中央蘇區」，以贛、閩邊境之瑞金為巢穴，有所謂「鄂、豫、皖、蘇區」由徐匪向前、鄺匪繼勛等分自金家寨，向豫皖邊境流竄；有所謂「湘、鄂、西、蘇區」由賀匪龍、段匪德昌等，分自湖北、洪湖，向湘西、鄂西流竄；有所謂「湘、贛、蘇區」，由毛匪竄離井崗山後之殘匪，自江西永新、蓮花分向湘、贛邊境之十三縣流竄；有所謂「湘、鄂、贛蘇區」，由彭

匪德懷等自平江、瀏陽一帶四出流竄；有所謂「贛東、北蘇區」由方匪志敏、周匪建屏、邵匪式平等，自弋陽、上饒一帶四出流竄；有所謂「左、右江蘇區」由李匪明瑞、張匪雲逸、鄧匪小平等，自百色向廣西之右江，自龍州向廣西之左江，分頭流竄；有所謂「閩西蘇區」，由羅匪炳輝等輔以「中央蘇區」之匪，自武平四出流竄；於是匪禍復滋蔓狓狷！並以外敵南北呼應，陷我於兩面受敵之困境！蔣公計唯攘外必先安內，故決定實施第四次圍剿，至同月全部擊潰矣。在進剿共匪老巢，目睹共匪所到之處，廬舍為墟，壯者散於四方，老弱死於溝壑，滿目瘡痍，令人髮指！

此役余雖能勉強隨軍作戰，祇因傷後體力較弱，又告吐血，奉准仍赴杭休養，至民二十二年癸酉（公元一九三三年）夏，於西子湖畔，忽遇胡師長宗南，被以余體力恢復喜甚，囑余翌晨至裡西湖大佛寺一談，次日遵囑偕內子前往晉謁，時戴雨農先生亦在座，承蒙介紹，並請予余較清閑工作，余與戴先生之關聯，即由此開始。

同年秋遷南京，晉見戴先生，囑余與羅日明同志共住一宿舍，並贈國幣伍拾元，要余整裝，至八月間，命余至雞鵝巷五十三號戴公館，與馮堯亭同志在事務股工作。十月戴先生奉派杭州兼任浙江省警官學校政治特派員，訓練工作幹部，調余任該校副官，遂再携眷赴杭，住於警官學校對面同慶里，與唐伯岳同學共住一處。民二十四年乙亥（公元一九三五年），農曆六月九日晨送內子至仁濟醫院待產，至是日正午產下一男孩，故取名杭生。

不久余奉調回京，升中校事務股股長，兼會計訓練班副官，該班設在局本部對面之洪公祠，係由張炎元先生任副主任，白世維為隊長。六月七日，奉戴先生手令，要余通知本局全體同志：「（一）請

即通知傳令丘無分晝夜，應有人值班，遇有文件，應隨時傳遞。（二）甲室亦應規定值夜之人員，平均勞逸。（三）每日上午七時以後，夜間二時以前，均為本人辦公時間，重要公文，可隨時呈閱，遇有特別緊要之事，不在此限。」當時余兼會計班副官，下班後即往雞鵝巷公館，所以只要在先生辦公時間內，一刻都不能離公館，況且平常規定各同志無分假日，均要辦公，即有眷屬者，每週亦僅外宿一夜，翌晨仍須趕回上班。足徵先生要求之嚴格，最重視時間之利用。余記得有一次國父紀念週訓話謂：「因為時間為事業之母，如果有濫費虛耗情事，定必影嚮【響】事業之進展，故吾人第一要將每日所有時間，作妥善之安排，何時工作，何時休息，何時用饍，務須按照規定切實執行，不得遲誤一刻一分。其次要權變，每日作息時間雖已安排妥貼，但遇重要公事，或緊張局面，則不得不縮短休息時間，延長工作。」先生身體力行，時常不眠不休，力疾從公，一息尚存，始終貫澈到底！生死、榮辱、安危、成敗在所不計，但求對得起領袖，對得起黨國，對得起革命先烈已耳。

至民二十五年丙子（公元一九三六年），會計訓練班結束，又奉令籌辦軍事委員會參謀諜報訓練班於南京慧圓街慧圓里，鄭介民先生兼班主任，連謀為隊長，余樂醒為教官，余兼該班副官，每日下班後，仍須往公館照料。至同年十月間即丙子年農曆九月十七日晨六時正，在三道交井巷內家中，生下一男孩，即取名京生。

同年夏，據潛伏在王以哲旅部我方通訊員張華先密報，自張學良奉命進駐西安後，委員長電令張學良，將被國軍追剿竄逃二萬伍千里疲乏不堪落腳於陝北之朱毛匪幫澈底予以消滅，張學良雖派東北軍王以哲到陝北清剿匪共，豈知一經進剿，連遭兩次敗績，損失不貲！共匪即利用此一機會，大耍政治手段，乃派代表到西安要求會見王以哲

將軍面談，王以敗喪之餘，繼續打下去，毫無把握，共匪既遣秦邦憲代表前來，亦不妨談談，以觀風色，共匪代表既被王延見，乃大鼓如簧之舌，說東北軍主要目的是打回東北老家去，而今中央以排除異己之手段，派西北來剿共，是要將東北軍力量在西北與共產黨力量互相對銷，犧牲完了，將如何回東北？此乃政治上一種毒計，而東北將領張、王等頭腦簡單，政治理解不足，竟不明察就裡，誤中奸計！兩天後，共匪將所俘王部人員暨武器全部予以送還，並派代表說明原委，王以哲認為共產黨太夠朋友，乃以盛筵款宴來人，約定以後如果東北軍奉命進剿何處，即通知匪軍於事前撤退，王以哲即將此情況一一電呈張學良，張氏自拋了東北，雖經委員長多方維護，先後委以武漢及西安兩地行營重任，但其內心猶感不足，且缺乏政治素養，與經驗，一經共匪挑撥，自易墜其轂中！張學良乃派一代表飛延安，與共匪直接接洽，當時機場為共匪控制，即雙方會見時所規定暗語為「天空落一鳥，來客是何人」共方以此語發問，張氏代表以「為持蘇武節，關中曾牧羊」作答。共匪乃熱烈歡迎，並引入直接談判，共匪決定互不侵犯之條件，如統帥令張進剿，張即告知匪方，匪乃撤出張所進剿城鎮，好由張電呈告捷；以後便不時往來密商一切，而王以哲部，亦經常駐有匪方代表在內，我方秘密通訊員，原是王以哲旅舊部選派來京諜報參謀班受訓，當時任王部特務連副連長，對張氏與匪方之秘密活動，瞭如指掌，認為情況嚴重，乃密報戴先生，當時本局亦另有情報，以張學良、楊虎城為共匪「聯合抗日」之宣傳所迷惑，在西安收容「人民陣綫份子，招納反動政客，放任救國聯合會等外圍份子，對學生及軍隊煽惑反動。」戴先生遂將兩種詳確情報，及張之行為，繕成報告，囑余面呈委員長察核。

同年十二月三日，委員長飛抵洛陽，張學良亦來洛陽進謁，詭稱西安將有變亂情勢，迫不及待，乞請領袖親臨撫慰。委員長以國家統

一已具規模，東北軍痛心國難，處境特殊，激於悲憤，容不免有越軌言論與行動，如予以剴切曉喻，必能統一軍心，更以自兼任西北剿匪總司令，（張為副總司令，楊虎城為陝西綏靖主任）教導有責，此身屬於黨國，安危在所不計，於是而有西安之行，初未嘗計及此行乃履虎尾也！同月五日抵西安，駐節郊外離西安市二十餘華里之臨潼華清池西安行營。排日召見陝、甘剿匪將領，諮以剿匪情況，指授機宜，並告以剿匪已至最後成功階段，務須持堅操確，迅赴事功。不意十二日清晨五時半，張、楊竟敢冒天下之大不韙，稱兵叛變！劫持委員長，欲脅迫委員長接納彼等荒謬之政治主張，消息傳播，舉國惶然！！

此時曾有部份人士責備戴先生所作何事，既未做好情報，又不能護衛領袖，戴先生焦急萬分，遂即囑余請鄭書記長介民，以及局本部處長以上人員及余等在公館商議，除對全國各地加強緊急部署，同時急電各地派員監視張學良、楊虎城留在京滬各地子女及其親屬、財產外，決效當年委員長赴難永豐兵艦隨待國父之精神，深入虎穴營救領袖。遂於二十二日，伴隨蔣夫人飛往西安，當時在京友好，咸以其為情報工作之首領，向為叛逆所嫉恨，此去深入虎穴，無異自投羅網！凶多吉少，且於事無補，遂紛紛勸阻，戴先生本其忠肝義膽，與過人識見，力排眾議，最後戴老太太阻之亦不聽，於生離死別之際，乃跪地告老太太說「無領袖便無國家，無國家便無家庭，兒死之日，亦即兒生之年，請勿以兒為念」。此種精忠報國之行為，能不令人肅然起敬？遂毅然淚別，臨行時又囑余集合全體同志話別云：「如委員長不能安然返京，余必以身殉之，望你等為革命繼續努力，奮鬥到底，不必以我為念！」悲壯激烈，無一語及私，實已抱必死之決心以赴；戴先生至西安後，即被張學良派員送往張之公館禁閉在地下室，並派員嚴密監視，不准任何人接近，張於次日午夜時，訪其囚處，搜出戴先生之日記其中所記：「自昨日到此，即被監視，默察情形，離死不遠，

來此殉職，固志所願，惟未見領袖，死不甘心！」滿腔忠義，冠絕古今。古語說：慷慨赴死易，從容就義難；當時情形，無萬分之一生還之理。

張學良閱畢戴先生日記後，即出示其部屬聯名：「請速殺戴笠以絕後患」之報告，戴先生閱畢，微哂曰：「古人云：主辱臣死，現委員長蒙難西安，凡為部屬者，豈可偷生怕死？怕死即不來西安，惟余之同志，必將繼余之志願，維護領袖，為國除奸也。」大義凜然，張為折服，告以並無加害之意。戴先生乃責以忠義，曉以利害，並告伊你留京滬眷屬、親戚、財產等，在余離京前已派員分別監視，一切均在我掌握之中，一有變動，立即消滅無遺；張氏本人原以只要能將委員長扣留成功，他所想像與希望一切都可迎刃而解，弗料全出意外！委員長不獨絲毫不為所動，且視死如歸，痛罵張、楊之所為，貽誤國家太大，實在罪不可恕！而全國人民一致申討，西安已在國軍重重包圍之中，稍有變化，東北軍不可能逃出一兵一卒，在此情勢下，經戴先生說服，並保證張之安全，同時目睹空軍數隊飛臨西安，促使叛逆瞭然於局勢之嚴重，至此張學對此次叛逆行為，深為悔悟，懸崖勒馬，乃決定於二十五日恭送委員長回京，束身請罪！此一說服敵人，挽救領袖之功，在歷史上當不可磨滅。張學良應該為此一史實作證，但張氏當年如遵照領袖之指示，消滅匪首，國運豈如今日？走筆至此，不禁擲筆三歎！！！此乃西安事變一段秘辛。

戴公雨農遺裝像

民二十二年夏余在杭州
養傷忽遇胡將軍以余體
力恢復囑余往伊處一談
乃蒙介紹戴雨農先生
請其予余情閒工作余方
戴先生之關聯即從此開始

自昨日下午到此即被

臨視默察情形離死

不遠未來此殉難圓

淅願也惟求見 領

袖死不甘心

領袖蒙難以十

戴笠平西安張萬

地下室

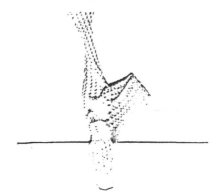

戴先生遺訓

逮捕・內遷・羅家灣

第三章

ARREST, RELOCATION, AND LUOJIAWAN

　　本章內容主要以民國 26 年（1937）7 月抗戰爆發後，任職於軍事委員會調查統計局的郭斌，如何在戴笠的命令下準備內遷至重慶，直至 28 年（1939）完成的過程。

　　七七事變後，國軍逐漸撤出華北地區，此時戴笠為發展戰時地下工作，親自前往各地部屬人力並發送通訊機要密本，保管通訊機要密本的車隊在途經湖南平江附近幕阜山時遭匪徒搶劫，戴笠立即通電郭斌挑選特務隊精通槍法的行動隊員，攜帶衝鋒機槍、手榴彈前往當地掃蕩，搶回密本，郭斌率員前往當地後，設計使匪徒上當，以衝鋒槍掃射後當場全部將匪徒殲滅。同一時間，在 10 月份上海戰況告急後，軍統局也決定先將本部遷至漢口。民國 27 年（1938）再因武漢局勢危急，決定將部分人員撤往湖南長沙，另一部分則遷往重慶，最終至 28 年（1939）8 月，軍統局全員在戴笠的命令下，全員遷入重慶羅家灣，而郭斌在軍統自南京遷出至漢口、長沙、重慶時，則受到戴笠之命，為軍統局尋找安身辦公之處。

　　有關本章郭斌撰寫之回憶錄大致內容，節略如下：

- 抗戰爆發初期戴笠在各地部屬人員經過
- 郭斌隨同戴笠前往漢口王家墩機場逮捕囚禁楊虎城始末
- 軍事委員會調查統計局內遷至重慶的過程
- 郭斌次子患病夭折
- 日軍數次在重慶進行轟炸
- 軍統局前身特務處成立八週年籌辦四一紀念大會
- 戴笠與郭斌各項情報工作往來電文
- 郭斌於民國 31 年（1942）升任少將兼局本部總務處處長

The time period of this chapter starts after the Sino-Japanese War broke out in July 1937 and ends after the *Juntong*'s retreat to Chongqing in 1939.

After the Marco Polo Bridge incident, the Nationalist Army gradually withdrew from North China. To develop an underground wartime intelligence network in Japanese-occupied areas, Dai Li personally went to various locations to visit the *Juntong* personnel and deliver communication codebooks. While passing through Mufu Mountains near Pingjiang, Hunan, the convoy that kept the communication codebooks was robbed by local bandits. Dai Li immediately instructed General Kuo to lead a special taskforce to retrieve these critical intelligence resources. The members of the special taskforce were proficient in marksmanship and brought submachine guns and grenades. They successfully eliminated the bandits and retrieved the codebooks.

Meanwhile, once the war situation in Shanghai became critical in October, the *Juntong* decided to move its headquarters from Nanjing to Hankou. In 1938, when the Japanese were about to attack Wuhan, the Bureau decided to evacuate some personnel to Changsha, Hunan, and others to Chongqing. Finally, in August 1939, under the order of Dai Li, all the headquarters of the *Juntong* moved to Luojiawan, Chongqing. During this period, General Kuo fulfilled Dai Li's order to find a secured location for the headquarters' personnel and their families to work and settle down.

Key content topics and events included in this chapter:

- In the early stages of the Anti-Japanese War, Dai Li deployed personnel in various places.
- General Kuo accompanied Dai Li to Hankou Wangjiadun Airport to arrest and imprison Yang Hucheng, the co-conspirator of the Xi'an Incident.
- The Process of *Juntong* retreated to Chongqing.

- General Kuo's second son died young in Chongqing due to typhoid fever and dysentery.

- The Japanese air force bombed Chongqing several times.

- Preparatory meeting for the 8th anniversary of the establishment of the Secret Service, the predecessor of the *Juntong*.

- In September 1940, General Kuo flew to Hong Kong, using the alias Huang Kuo-pin, with his family to expand overseas liaison and intelligence tasks.

- Telegrams between Dai Li and General Kuo on various intelligence tasks.

- General Kuo was promoted to Major General and Director of the General Affairs Department of the Headquarters in November 1942.

　　民二十六年丁丑（公元一九三七年）二月，委員長武漢行轅成立第三科，調余在該科充當中校股長，即攜眷前往武昌，租到繩業街一號住家，簡樸科長夫人到達時，亦與余同住一屋。

　　同年七月七日夜，日寇在蘆溝橋演習，藉口日兵一名失踪，要求進入宛平縣城搜查，我駐防宛平之團長吉星文，當予拒絕；日敵遂以步砲兵聯合攻城，我將士守土有責，奮起抗戰，敵蓄意侵吞已久，因藉此擴大戰事，進佔北平、天津區域，當時我軍奉命退出，大戰即將開始，戴先生為加強發動地方人力、物力協助國軍抗戰，率領衛士何啟義、曹紀華、賈金南乘別克轎車，由張炳午駕駛，另囑余派卡車一輛，裝載各隨員行李及沿途需用汽油，另有對全國及海外通訊機要密本兩箱，以華永時為司機，由副官徐燊押運，出發東南，公畢返抵長沙。戴先生在長沙小吳門外朱家花園休息一夜。

　　余對先生每次公出，迭為求卜，此次亦不例外，當得知先生決定翌日沿公路來武漢時，余即往訪漢中市「人之初」相命館得六句，「歸途偏遇狂風起，路途崎嶇又難免，命中註定豈能強，幸得漁人來指引，逢凶化吉無阻礙，雲收霧散放光明」。卜詞不利，余頗以為憂，當即電告先生，請其留心，先生則不以為意，次日首途時，卡車先行出發，轎車隨後，抵湖南平江，一路平安，繼續前進，行二十餘公里後，得由通城經幕阜山來人，因聞幕阜山發現匪徒搶劫，要求准搭卡車折回平江，此時戴先生已達平江，當地百姓曾告以上情，力勸勿冒險前進，先生因未見華永時，深恐卡車已遭匪搶劫，兩箱密本有失，乃立即折返長沙，急電余挑選特務隊槍法準確隊員二十名，攜帶衝鋒機槍、手榴彈趕往掃蕩，即使冒險患難，亦應追回密電本。

　　余奉命後，即洽請王總隊長兆槐，迅速選妥人員，並化裝為鄉村

工、農，即刻乘鐵皮車動身，車抵湖北崇陽，距通城約四五十公里，仍無匪情，再搜索前進，至通城距幕阜山約二十餘公里向當地人民查詢匪情及地形，當時未見華永時駕駛之卡車，想定遭不幸，在湖北通城用膳時，分配各人任務，余一人坐司機臺，約定如遇匪徒，喝令停車，當時車停妥後，乘匪未靠近車身前，迅即跳下六人躲在車底，等候匪徒走近有效射程內，候余口令，用衝鋒槍掃射，如果人數眾多，則用手榴彈。膳畢繼續前進，抵湖南幕阜山兩公里處，若遇匪徒截車即用強度燈光照射，以亂視綫，使匪明我暗，午夜車抵幕阜山，匪徒絕跡，亦無行人，遂即疾駛平江，抵平江時，找到華永時，余推測匪徒不可能在拂曉出現，乃趕往幕阜山安全通過，原派在保護密本人員，隨華車駛往武漢。余計算離長沙較近，擬保護別克轎車駛回漢口再回車消滅匪徒，為民除害，萬一犧牲，在所不惜，遂加速馬力折回，七時許到達幕阜山，在公路側方山上，突有匪徒鳴槍喝令停車，余早已告知各人照原計劃應付，旋有九名匪徒手執手槍及大刀，直奔前來，俟有效射程內，即令衝鋒槍掃射，因匪徒不疑車上有武裝人員，措手不及，結果當場全部殲滅，僅剩負責瞭望之匪徒，聞風逃逸。事後檢查匪屍，發現所持手槍，均係假槍，於是趕往長沙，遂將上情面報戴先生，請其改乘火車回漢。報告畢囑余等休息一天，為顧慮匪徒報復，仍決定在拂曉前武裝車前，別克車在後，果為余所料，安全通過，大概匪徒經此次殲滅後，再不敢嚐試。此次有驚無險，圓滿達成任務，為民除害，亦生平一大快事也。

同年日寇沿津浦鐵路南侵，山東省主席兼集團軍總司令韓復榘，違抗命令，放棄守土，且有與敵人勾結之事實，蔣公深知戴先生足智多謀，且絕對忠誠，貫澈命令，能作人所不能作之事，乃密令戴先生將韓復榘逮捕，送軍法執行總監部懲處，惟當時韓握有重兵，拿辦頗

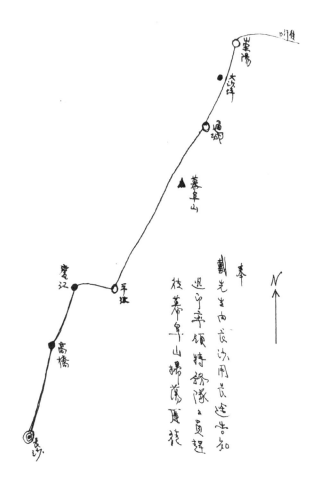

費周章！戴先生運用智謀，先飭駐魯同志嚴密注意韓之行動，隨時密報，旋偵知韓確用專車一列，滿載貴重財物，並派手槍衛隊一營，隨彼離魯南逃徐州，轉隴海鐵路，趨潼關。戴先生據報後，即將擒韓計劃詳告，囑余率領特務隊隊員迅即趕往開封，晉謁老長官劉峙及胡宗南兩將軍，密告計劃，並請其鼎力協助，絕守機密。迨韓之專車抵蘭封站，余與劉將軍由火車站立即鳴放空襲警報，全城隨之鳴放，同時劉將軍適時又派員驅車到火車站，查詢該列專車之負責人，果然是韓

主席，遂請韓下車，改乘劉將軍所派與余所乘之車到其防空洞避難，另派人指揮機車，將韓之手槍營駛離開封，予以隔離，並請大家下車躲避，即由預伏部隊分別為之繳械，戴先生亦按時到達，遂解韓至武漢行轅，交軍法執行總監審訊，以「抗命誤國，判處死刑」，交武漢行轅第三科在武昌演馬場伏法！韓之貴重財物及私章，由余送繳軍需署。

同年秋，戴先生奉命擒拿西安事變罪魁楊虎城，當西安事變解決後，我中央政府採取不究既往寬大為懷決策，故楊逆虎城，得奉政府令派赴歐美各國考察，使他有自新之機會，斯時西北一帶之重要匪共，仍狡兔思逞，陝西省主席孫蔚如（楊之舊部）密與勾結，暗相往返，延安匪幫鑒於關中之重要，亟思將陝省轉變為一偽蘇維埃政府，以便赤化整個西北！斯時，陝省赤化醞釀已久，準備就緒，亟待楊虎城之歸陝，即可再度發動政變。戴先生眼光遠大，料事如神，對於匪共之一切陰謀詭計，瞭然於胸，對楊氏在西歐之一舉一動，及其與延安匪共之勾結，洞悉無遺！故能週密計劃，不動聲色，萬里追踪，予以計擒使楊逆事敗垂成束手就囚。先是楊逆歸國之航空路綫，本已決定由巴黎北飛，取道蘇俄經新疆而降陝西，嗣經改變航綫，由巴黎南飛取道太平洋，經香港武漢而北飛陝西，戴先生得悉其行程後，乃預計航程，何時可抵香港，抵港後改乘何機、何時起飛、何時可抵何處？事先已急電駐港人員切實注意。是時並派幹員搭乘楊所乘飛機來漢，抵漢時，以中途加油為由，務須迫使楊逆所乘之飛機降落於漢口王家墩機場，當時戴先生囑余同往等候，至午前十時許，楊逆所乘之飛機降落後，余即登機請楊逆至機場休息室休息，並引見戴先生，然後請其改乘早已準備妥之專機，由余與戴先生陪同，直飛南昌，降落新飛機場，當時來接之人員，有空軍教導大隊長毛邦初、贛省副站長謝厥

成等，遂將楊押解囚禁於早已為楊預佈之居留所，在南昌新宅區二緯路一號一所獨立花園住宅中。戴先生認為，囚禁中一切人犯，在接受國家法律制裁以前，都不應予以虐待，平日三餐，均屬上等，即渠所嗜烟酒，亦供應不絕。戴先生對囚犯之仁慈與寬大，真是古今中外所罕見！

至民二十七年六月二日，馬當失守，武漢保衛戰開始，七月四日，日寇進犯湖口，寇機日夜不斷轟炸南昌，為安全計，委座乃令將楊逆押解貴陽附近之熄峰縣後，不久，又解往重慶，囚禁於渝郊磁器口白公館拘留所。三十八年九月重慶撤退前，奉准將楊伏法！

民二十六年十月十六日上海危急，中央政府宣告遷都重慶，本局會議結果，準備妥當，即開始先將備查檔案由水陸兩路分別運漢，水運抵漢，即在徐家棚車站卸下，尚稱方便；陸運火車到漢口大智門車站，又要轉運過江，到徐家棚轉運長沙，交楊隆祐同志妥存於早已佈置妥善小吳門外小朱家花園。同年十二月十三日，南京撤守時，該處為通訊中心，漢口為情報中心，先生囑余迅速在武漢兩地覓妥臨時辦公處，俾南京到漢同志留大部份在武昌總處辦公。余奉命後，除趕緊尋覓辦公處外，余為減輕家庭顧慮，安心工作，則囑芬妹携帶小兒隨同簡科長夫人前往宜昌暫住。至同年歲次丁丑農曆十二月十三日上午八時，芬妹在宜昌寬仁醫院生下一男孩，取名宜生。

民二十七年戊寅（公元一九三八年）五月七日，奉戴先生手諭：「現在漢口之劉啟瑞、李肖白、林堯民、郭斌諸同志所部之工作人員，限明日一律遷武昌辦公，萬一房屋不敷，則會計部份准暫緩」，笠弟上。

　　同年六月三十日夜，奉令成立最高調查委員會，下轄兩統籌組軍事委員會調查統計局。至八月一日戴先生領導之軍事委員會調查統計局第二處，奉命擴組為軍事委員會調查統計局，肩負長期抗戰之情報作戰任務，以賀耀組為局長，戴先生為副局長，負實際責任；局之內勤幕僚機構設處、（室）、科、股而以秘書主任總其成。余於是年九月升任軍事委員會調查統計局漢口辦事處上校科長，兼武漢行轅第三科股長，及漢口巴黎街公館副官。不久，局本部有一批備查檔案，由漢直運宜昌轉重慶，余派張樹良同志押運，到宜昌時，請他將簡夫人及芬妹等接上船，一同赴渝，初住於十八梯。至同年九月二十九日，奉戴先生手令：「日來各綫戰事均形吃緊，武漢局勢日趨嚴重，本局在此情形之下，應速作如下之處置，以免妨礙工作，（一）本局留漢之人員，應於一星期內再行疏散一部份赴湘，除留隨節辦事處處理情報內勤人員約留二十人，並留傳令勤務各三人，伙伕四人，警衛十二人，並撥輪船一艘備用外，餘者均應於一週內離漢赴湘；（二）留漢處理情報之人員，須俟委座離漢後，方准離漢赴湘；（三）留漢處理情報之人員，專辦呈報委座及航空委員會之情報，其餘情報之考核、記分、整理、編審、統計、指導及交換情報事項，均歸湘處辦理；（四）本局在湘工作之重心，不宜在長沙，但長沙應設一臨時辦事處，作為本局由漢口最後退出之一批人員尚未到達長沙，或此時委座已蒞臨長沙時，辦理情報與臨時聯絡指揮之機關。本局應將一切檔案，與非重要之文件器物等，即送往沅陵，而將退出武漢之指揮機構，遷往郴州、衡陽、衡山等處之辦公機關之用具、電話等，即妥為設置，此事最好於今晚開一會議明日即開始設法籌辦一切；（五）虞恕兄於一星期內，率一部份人員赴郴州主持一切，漢口設一隨節辦事處，派人鳳同志為主任。」

　　翌日返貴陽辦事處與王主任蒲臣商談接運物資、人員等事宜後，即趕返沅陵，往劉乙光同志處，告伊覓妥房屋情形，聽候余派車搬運，順便巡視姚家坪及攸仙關運到物資及保管情形後轉赴常德，再將所交辦任務一一達成，詳報先生。當即奉諭「速回漢策劃一切。」抵漢數日，先生為慎重從事起見，至同月十六日，囑余隨往長沙，轉赴余所覓妥各地臨時辦公處及暫時堆存物資轉運站等地，擬逐一勘察，在長沙休息一夜，翌晨赴常德。車抵猴子石渡江時，該處車輛等候渡江擁擠不堪，因目標太大，遭遇敵機轟炸，先生坐車被炸壞，司機略受輕傷，另一隨員頭部重傷，幸先生及余、賈金南等三人無恙。當時余即面報先生，余獨自先行渡江，向駛往常德之車輛交涉，乘便車往常德警備司令部洽唐司令生明兄，商借其車來接，並急電長沙，派卡車將炸壞座車運回趕修。又派車漏夜趕來常德備用，候先生及賈金南等抵常德，重傷隨員即送醫院急救，奈因流血過多，不治棄世！遂請唐司令派員料理後事，余與先生即往攸山關，正在巡視堆存物資處所，又遇敵機低空偵察，先生目睹此種情形，為避免遭受無謂損失決定薄暮後開始裝車，漏夜行車，白天則疏散偽裝。同時命余與楊繼榮兄赴桃園，急電長沙採同一方式辦理，長沙之車到達後，請楊繼榮兄指揮負責轉運。余則與先生漏夜趕往沅陵及姚家坪等地察看，先生認為滿意，乃命余隨同趕回漢口。迨至二十五日國軍撤離武漢時，余與先生及王魯翹、賈金南等由湖南晝夜不停繼續趕路，為顧慮張炳午日夜駕駛疲勞過度，白天由余駕駛，使張得以休息，趕抵漢口，準備作最後撤退計劃，至十一月初日寇先頭部隊抵達漢口市郊之前夕，漢市水陸交通將要截斷，市面人心惶惶，秩序紊亂！各重要機關及政府要員，除極少數外，均先後離漢，惟時間迫切，漢口市各重要建築物，及漢陽兵工廠等，未及破壞。

　　斯時委座坐鎮南昌，高瞻遠矚，對武漢各重要建築物，及漢陽兵工廠等，不願完整拱手敵軍，亟欲思破壞，勿為敵所利用！素知戴先生勇敢機警，此項任務，非他莫屬！乃臨時電令先生完成之。先生受命於危急關頭，夙夜策劃，從事反資敵破壞大計，深恐受命不效，有傷委座之明，為求貫澈命令，除令潛伏武漢站站長李果諶同志，前來法租界巴黎街二號公館妥商，負責按計劃切實執行破壞兵工廠設備及各種要建築物外，誠恐目的不達，有違委座之命令，又告李站長及余云「余等要足踏實地奮鬥到底，效忠領袖，貫澈其主張，絕不作虛偽搪塞，臨危退避，縱令粉身碎骨，作一無名英雄，亦樂為之！並決定親留漢市督導，時僅武漢警備司令郭懺、中央要員錢大鈞先生尚未離漢。警備部稽查處趙處長世瑞，知先生忠勇愛國，初則願將其小包車讓與戴先生，他則隨警備部步行，並請先生將別克小包車先行駛離漢口，先生莞諾，面囑司機張炳午及其隨員賈金南，候錢大鈞先生飛離武漢時，車隨錢車同時離漢；翌晨余即請趙處長將車駛來巴黎街，經余檢查，發覺車胎及引擎均不能行駛長途，再油料又不足，不得已設法趕修換新車胎，購足汽油，此時敵軍步步迫近武漢，警備部撤退，趙處長此時要余將該車交其使用兩小時，當時余已深知趙之為人，余則堅持不允，彼即向戴先生報告上情，先生即告余曰「車是人之所有，為何不准其使用。」余即答，如果准其駛去，絕無駛回之希望，此時先生囑余准其所請，該車去後，至午後三時仍未見回來，余即親往稽查處察看，全處人去樓空，果不出余之所料！除轉託盛福生先生及各友好幫忙設法交通工具外，余即返回報告先生，趙胆敢食言，乘原已讓與先生之車駛離武漢，致先生進退兩難，惟先生鎮靜如常，其履險如夷之精神，確實令人欽佩！仍從容行事，一面靜候委座電令爆炸，一面囑余隨其親赴各地查看所佈置之ＴＮＴ炸藥，並告執行人員行動要領後，始囑余多方尋覓在任務達成後離漢之交通工具，同時先生又

告余：「如任務達成仍無法得到交通工具，不能離漢，則決與漢市共存亡！因吾儕既以身許黨國，除領袖安全外，無考慮個人生命之餘地；除完成革命事業外，無個人工作之自由，只求革命團體之強固，個人與家庭，可以置之於度外。」即此寥寥數語，可見先生已將整個身家生命，完全貢獻黨國，毫無其他顧慮！

至薄暮，始接委座電令，先生立即按照原計劃實施爆炸，轟轟之聲不絕於耳，任務既畢，先生巡返巴黎街二號，欲以長途電話報告委座爆破情形，無奈此時市面更形紛亂，商店已不開門，長途電話亦告不通，暫留法租界公館，余則親往尋交通工具，時法租界巡捕為防止紛擾，已將柵門緊閉不准通行，余乃繞道越牆而出，四處搜尋，幸得友人之助，雖得一機件不全汽艇，但又無汽油，無法行駛，此時敵軍已有一部份部隊已佔領王家墩飛機場，余內心非常焦急，又就商盛福生汽車廠經理兼英租界消防隊隊長盛福生先生，請他先行檢查該艇，並請漏夜派他廠內優良技工搶修，至午夜修妥，又承允價借可達沙市行程之汽油，其價款及修理費等言明候余到達重慶後，交其在渝太太朱秀玲，並許將修理技工陳華清三人，權充駕駛，及水手。斯時市上交通，除消防車外，其餘車輛均禁止進入法租界，復商盛先生，以救火名義，親自駕駛消防車入法租界，迎接戴先生，此時僅餘先生及王魯翹連余三人，登艇後，技工奮發加速馬力，直駛周家口，詎知該處早已停有日寇水上飛機，以燈光推測約有三架，汽艇駛距敵機數百米達處，即遭機槍掃射，幸天色昏暗，損害不重要之處，乃速近回沿內河向沔陽進發，弗料距沔陽數里，又遇土匪鳴槍，要汽艇靠岸，但吾人隨即準備應戰，不聽匪徒指使，加速馬力前進，匪徒雖繼續開槍示威。經余與王魯翹水手等還擊，始化險為夷。翌日午后，行抵距沙市三華里，汽艇擱淺，遂棄艇改坐兩小船抵沙市，時已薄暮，急電

長沙派車來接，先到臨澧訓練班，次日往長沙，此乃余隨戴先生冒險犯難之事蹟，特書之以資追念，以彰先生之忠勇愛國，亦表示余無虧職守而已耳。

同年十一月初到達長沙，長沙即奉命開始撤退，余奉命送部份人員前往余早已佈置妥當之沅陵尤家巷，及姚家坪兩地，至於清理檔案所卸五輛卡車，仍由余率領駛往臨澧，交余副主任遷移特警班之用。其餘人員，隨車經辰谿、芷江、晃縣以達貴州之鎮遠、黃平，貴定往貴陽，向貴陽辦事處理王主任蒲臣報到。請王主任指揮續運重慶，一切交代清楚，余仍返沅陵，聽候命令。至同年十二月八日，奉戴先生庚渝辰電：「限即刻到沅陵劉啟瑞兄○密即轉郭斌兄勳鑒，因本局交通工具缺乏，而待運之人員與物資甚多，吾兄籌謀監督不遺餘力，弟至為感佩！校座昨因天氣不佳，中途折回桂林，今日諒可抵渝，此間積報太多，誤事不少，務請盡先設法車輛，接送夏天放等來渝，許建業處有由香港寄來校座零用之物，並請即行送來。本局檔案之清理，實有關吾人六七年汗血成績之所在，務請啟瑞兄多多負責，指揮清理，諸同志應逐件詳審，認真力理為要，笠弟叩。」

同年同月十二日，本局在長沙人員物資，全部搬運完畢，同時奉戴先生文辰渝電：「查宜昌、重慶之間，現尚有船可通，我在沅陵待車裝運之人員物資，如由沅陵用車裝運，送至宜昌，再由宜昌乘船運重慶，似較便利，即裝若干人與物資，由兄押運赴宜昌，轉交船運來渝，即暫由兄在宜昌負責聯絡運輸之責。沅陵則培初兄負責，如何，弟約今日下午赴西安。」奉命之餘，余預料宜昌雖有船可通，但各機關由京、漢撤至宜昌人員物資定多，且已運抵沅陵，再回運宜昌，似非所宜，故決定徵求各處、室同仁意見，如願隨余往宜昌轉渝者，請於今晚登記，並攜帶簡單行李，明晨乘車前往，登記結果，有二十人

參加，及抵宜昌時，目睹各機關待運物資，候船運渝者堆積如山，欲運一批物資，不知何日始能抵渝？除將隨車抵宜昌二十人介見宜昌稽查處唐處長伯岳照料，並設法使彼等早日上船赴渝外，遂將宜昌水運情形，急電先生，余則順路到臨澧察看訓練班搬運情形，並將該車裝運該班人物往沅陵轉黔陽，余到沅陵則下車繼續主持搶運工作，在沅陵時，得確實消息，本月十三日酆悌、文重孚為了達成焦土抗戰，於是放火造成長沙大火，所幸本局人員物資早已運畢，且大多數人員物資已到達重慶，並在海關巷、曹家巷兩處開始辦公。

至民二十八年己卯（公元一九三九年）春，余亦到達重慶，得悉次子京生抵渝不久，忽患傷寒，繼患痢疾，余因公忙無暇兼顧，芬妹雖延名醫救治，但無特效藥，延至二十七年冬病入膏肓，醫藥罔效，終致夭折！！當時芬妹以余正在忙於局本部撤退，工作繁忙，不使余傷心，不願告知，後來余為避免觸景悲傷，全家遷住龍隱鄉五靈觀居住。

至同年五月三、四兩日，敵機飛渝上空，整天不斷投彈轟炸，本局兩處辦公處，亦遭大火蔓延，先生乃命余與重慶市警察局徐局長中齊妥商，將羅家灣警察訓練所借與本局辦公，交涉妥當後，先生乃決定將局本部遷入辦公。二十五、六、七、三十等日，敵機復對重慶作疲勞轟炸，傷亡慘重，民舍為墟！蔣公親出督救難民，先生扈從，並飭屬協同施救，經先後遭受大轟炸，先生遂決定在郊區尋覓辦公處，命余迅即辦理，余因家住龍隱鄉磁器口五靈觀，據余之房東告知，離此不遠有一繅絲廠很大，余即請房東引余往勘查，果然不錯。翌日即請先生前來復看，彼亦認為適合，囑即設法辦理租賃手續，刻日修理佈置，不久即將羅家灣辦公人員遷一部份來繅絲廠辦公。至同年六月十六日，奉先生手令：「本局各部份職員辦公處所及住宿、地址、舖

位所在，均須編號，及其職別、姓名、性別、年齡、籍貫、出身、工作年月、現在待遇、介紹人等，由各處、室、所、隊等負責人，用十行紙詳造名冊，於明日上午十時以前送達秘書室審核，裝訂成冊，於明日下午送甲室勿誤為要。」先生詳閱各同志散住各處，認為不妥，遂下令限於同年八月九日，遷入羅家灣各處、室，均遵照指示如期辦竣，完成使命。同年秋歲次己卯，農曆十月二十日晨五時，請戴先生之轎夫送芬妹至歌樂山中央醫院待產，至同日八時（即辰時）順利生下一男孩，取名慶生。

同年十一月八日，奉戴先生電：「限一小時到重慶○密以炎兄派往京、滬、平、津等處之學生，已於今日出發一批，計六十餘人，均由本局備車送往鷹潭，因停洪江車輛祇有兩部，不敷分配，昨已電蒲臣囑轉知郭斌同志速放兩車來洪江應急，惟現已赴貴陽之學生，亦急需調往重慶，故洪江至衡陽一段，擬向衡陽後方勤務部借三輛卡車輸送一次，請立即用弟名義函俞部長樵峰，請他電衡陽該部辦事處借車三輛使用一次，所需汽油，並請其借給，由本局備價歸還，此事即由郭斌同志持函往飛來寺，面託黃副參謀長照午向俞部長一商，弟重光叩。庚辰黔」亦遵照指示洽辦完成。

民二十九年庚辰（公元一九四○年）一月三十一日，奉戴先生手諭：「四月一日為本局前身特務處成立八週年紀念，吾人為追懷往事，策進將來，對此寶貴而光榮歷史之紀念日，應舉行盛大紀念，以誌不忘，而垂久遠。茲派毛人鳳、郭斌、徐為彬、謝力公、王兆槐、李葉、鄭錫麟、李肖白、魏大銘、林堯民、倪耐冰、趙世瑞十二同志為紀念大會籌備委員，由毛人鳳同志為主任委員。」各籌備委員奉令後，協商進行，如期召開，佈置方面由余全權負責計劃辦理。同年二月十九日，奉先生手諭「羅家灣十九號房屋，本局必須租來，為辦公

之用，務希兄於三日內辦清手續，令原有房客遷出，著手修理為要。」余即漏夜前往交涉，依期辦清手續，迅加修繕，並開闢道路等整理工作。同年三月十一日，奉先生手令「自民國二十一年四月，前特務處工作開始以來，歷年為工作死難同志，與違紀處決之同志，並其家屬之情形，應由兄立即查明造冊具報。」余當時遵命查明辦理。同年同月十六日，奉先生手諭：「四月一日為期已近，紀念會應即開始籌備，工作滿八年之同志，及歷年死難之同志，暨其家屬之情形，均應查明製成統計，於本月二十二日以前辦妥，以便辦理呈請優遇與撫卹事宜。至此次參加大會人數，究有若干？亦須於二十五日以前詳查註明，以便辦理招待事宜也。」余奉命之餘，不勝惶恐！蓋此種盛大莊嚴紀念會，首次佈置禮堂，及歷年死難同志遺像，順序排列，頗費周章，此外如房屋之粉刷、環境之整理、招待之安排、聚餐場地之選擇等事務，均非詳加擘劃不可。再蔣公親臨主持典禮，又須開闢汽車路直達大禮堂，時間匆促只得日夜趕修，才能完成。

同年五月四日，奉先生由蘭州以即刻到電：「以炎兄並轉郭斌兄均鑒，漱廬房屋，如國際反侵略會業已搬出，應即加以修理，妥為分配，參訓班下期有學生兩百四十人，寢室、講堂、飯廳均不敷使用，應即估價添造，惟必須用木架，以圖久遠，弟健進叩。支午蘭親。」奉電後，即製圖招工估價添建備用。同年同月八日奉諭：「斌兄（一）十九號所折【拆】下之浴室內外自來水管長度，請即詳細查明，連同樓上未炸壞之浴盆等，於明日設法運存鄉間；（二）神仙洞房屋，在此轟炸時期，除將屋瓦蓋好外，內部可暫緩修理，該屋二樓所有木器，及樓下會客室之沙發等，均請派員妥為裝紮。於明日派車運來鄉間；（三）徐宗柏同志應即囑其往西昌監建房屋，不可再延；（四）照目前情形看來，各機關眷米，平價米，恐難經常發給，本局存米已罄，

應如何未雨綢繆，請兄速即查明平價米供應情形有以準備。弟意即將工作同志眷屬遣散至產米而安全之區居住，或暫回原籍較妥也。否則吾人之後患，將不堪設想，請即與人鳳兄相商，最好即召集一臨時局務會議詳商，此問題甚嚴重也；（五）在此轟炸時期，加以本局經濟困難，在城內非十分必要之工程，均應停止；（六）局本部各室窗戶，均裝有綠紗，均應經常關上，否則徒耗錢耳，毫無用處；（七）現停南岸之一一三五號車，可駛回，局本部現有之一一三六號車，請撥交緝私處應用。南岸方面可將另一拉薩爾車，由華永時駛往備用；（八）所有三輛卡前面玻璃損壞者，限十天內一律修整，金水手啟。」戴先生對事無論大小，均躬親體察入微，尤其對同志眷屬之關懷，無微不至，可作後死同志之楷模。

　　同年同月九日，敵機不斷轟炸重慶，戴先生命余組織：「空襲忠勇服務隊，派余為隊長，以應付猝發事變，不致影响工作，策劃同志眷屬住所之安全。」余即除重整局內及鄉間防空洞外，並加強防空設備。同年同月二十八日，奉先生由陝西以限即刻至重慶○密：「郭斌兄迴電奉悉。目下天氣日熱，局本部屋小人多，有礙衛生，漱廬房屋務須催國際反侵略會迅行遷讓，以便早日遷移為要。弟健進叩感戍陝親。」余即遵命催促，如期遷入。同年六月十一日奉先生手諭：「（一）局本部之水泥操坪，應即購綠色竹簾於警報時佈置操坪上，藉以偽裝；（二）防空洞上新加白色石塊，應即用黑灰色塗刷，以免暴露目標；（三）汽車間之稻草房屋上面，應即用灰色蘆蓆全面遮蓋，以免暴露目標；（四）十九號前面震壞之房屋，居戶已搬出，本局應即收用，並動工修理。」同日又奉手諭：「（一）防空洞加強工程，應多方設法，提早完成；（二）羅家灣附近房屋，如有居民遷出，應即設法為本局之用；（三）所有損壞器具，應即設法修理；（四）所有道路之

瓦礫、木頭，應即掃除，健進手啟。」先生不特治家克勤克儉，為公利用廢物，毫無浪費，可謂公忠體國！同年同月十三日奉先生手諭：「斌兄（一）速呈請何總長發給本局特務隊水壺，及乾粮袋各伍佰個；（二）特務隊病兵，應即遷至繰絲廠附近舊汽車間內，並轉知夏民同志須每日派醫官前往診斷，妥為治療；（三）昨運到之新摩托卡車，應即盡數配好，並派司機領用軍用牌照，及在警報期間之通行證，此事弟面告一珊同志，希兄與之洽商；（四）本局所有外出及在渝車輛應即查明有無缺乏零件，並配好輪胎，在渝之車輛，應先分別入廠修理。在外者，應即電促駛回，以便檢查與修理；（五）特務隊病兵九人，准發額外療養費五圓；（六）特務隊現正開鑿之地下室，應擴展至能容伍百人之地位，其工程費，准增發；（七）特務隊隊兵，應每人發灰布包袱一個，由兄與兆槐同志迅行會商辦理；（八）即電道三，於忠義救國軍中挑選有戰鬥經驗體力健強之隊員一百五十人，並携帶相當武器，派遣得力官長率領來重慶，由孝豐經金華乘火車至鷹潭，徒步來渝，為加強本局特務隊之用。待遇可酌提高，其籍貫以皖北、浙江、嵊縣等處為佳。並促即刻照辦；（九）本局現存仰光之槍枝及電訊材料等，應即電質平同志，促其盡先設法運滇。並電炎元同志，器材到昆明時，務請其設法趕運來渝至要。弟健進手上。」

同年同月十八日奉先生手諭：「郭斌、錫麟兩兄，（1）張家花園損壞之房屋，應盡可能迅行設法修理，所有碎磚瓦片木頭等，應即掃除；（2）參謀訓練班房屋，決在山洞南北附近隱蔽地區，迅行選擇地址，估價建築，但必須附近無機關建築者，弟健進手上。」同年七月一日奉先生手諭：「總務科對本局附屬機關有關總務之部門，應負統籌之全責，現參訓班、監訓班之被炸部份，應即計劃修理，並與各班負責同志協商進行，不得延誤。」弟健進手上。同日又奉諭：「斌

兄（一）大禮堂在未整個修理以前，上面之椽，應即加以整理，舖以雙層篾蓆，既可敝風，且免倒塌也；（二）十九號室灰幔尚有脫落者，本日下午應繼續工作，並將二三樓所有瓦礫破料等，盡行掃除，不可延誤。因雨天敵機不來，吾人正可利用此時間，從事於修理也。」健進手啟。同月六日奉諭：「斌兄本局防空洞加強防禦工程，應促包工者加緊工作，期早完成，新開之支洞，除打鑿工程應促其迅速完成外，關乎支撐木頭之工程，亦應立即動工；防空洞裡之積水，應立即設法排除，其通路之木柵，亦應加以洗刷，藉以減少潮濕，又外面加強部份之掩蔽工程，應晝夜工作，以免暴露，因敵已廣播，該處為中央之特務機關也。事關同志之安全，務希多方設法，盡速辦到，萬勿延誤為要。」健進手啟。同年七月奉先生手諭：「斌兄（一）弟今日赴楊公橋汽車間視察，見許多新買零件，遺散在一只木箱上面及地下，警報時間，無人收拾，平日亦無人管理，由機匠任意取用，任意散棄，此難怪本局許多汽車損壞，無法修理，而化費許多購買汽車零件之款項，仍無材料可用也！似此情形，弟萬分痛心，除孫超應記過一次外，關於汽油及零件，應即選派一負責幹員，妥為管理，所有油料之收支，均應有詳細記載，並立用收支聯單，以便稽核。是項責任，可派侯禎祥負之；（二）繅絲廠方面，現單位日多經濟出納與稽核無人負責，應有一會計，派往負各單位經臨費支付稽核之責；（三）繅絲廠與局本部，及參訓班、外事偵查組等，均因米、煤價格飛漲，致伙食超出預算，紛來請求救濟，對各部軍米之請購，應迅速呈請辦公廳，或軍政部迅予批准；（四）本局童家橋與軍需學校附近之汽車間，均損壞不堪，無人修理，希即迅行辦理；（五）遇空襲時之槍彈，亦不能完全搬入防空洞，所有儲存楊家山樓房之電灯、電訊器材，亦無人搬運，一遇空襲，勢必盡數被炸，將來有錢亦買不到也，應速設法移出，較安全處所，妥為保管。」健進手啟。七月十日下午十一時。同

月十一日奉先生手諭：「斌兄蔡根寶或粵斯本所用之汽車，應選派一輛，於明日開往南岸海棠溪停留，並派一甲室警衛前往，以備不時之需用，此車及司機警衛之食宿處所與油料之接濟，由兄週詳計劃，妥慎辦理。」健進。

　　同年七月十三日奉先生手諭：「（一）局本部總務科事務繁忙，以致許多附屬機關之總務，形成包而不辦，今後各附屬機關之總務，應予以相當獨立，俾得單獨行使職權，惟為節約物資調劑人事計，局本部總務科，仍應負責監督考核之責；（二）今後於內地之工作人員行動，非有緊要事故者，不准乘坐飛機，藉以節省旅費；（三）今後總務科關乎購買建築之事項，秘書、會計兩室應派專員會同辦理，但辦理手續應力求迅速也。」健進手啟。同月十七日奉諭：「斌兄（1）弟本日下午奉委座電召赴黃山，悉日前開往南岸停留之福特轎車第四期執照既未具領「公」字通行證，亦未辦妥車佚與警衛食宿問題，而停車場亦未定妥，汽車之喇叭與前鋼板均有毛病，辦事如此馬虎，殊堪浩嘆！希即派員將車佚、警衛、食宿問題，及停車場等妥為解決，同時加油問題，最好與西南運輸處商洽供給，由本局整桶歸還，以免有被炸被偷之虞也。至於福特車應開回修理，調蔡根寶前開之別克車前往，別克車之車墊套子，應即飭工裁製，機件有毛病，亦須妥為整理；（2）楊公橋汽車間房屋，業已傾斜修理間之地面亦未做三合土，門亦未做，應即根據前訂合同，認真驗收；如照原合同有未完工程與偷工減料情事，應嚴加督飭切實補充，此事由會計、督察兩室會同辦理也；（3）查楊公橋汽車間之建築，原為貴陽汽車修理部份，遷渝及停車之用，今該房業已完成，貴陽汽車修理部份迄未遷來，致現在在渝待修之車無人修理，遇有空襲，損失堪虞！辦事毫無計劃，毫不檢點，除應予主管者以申斥外，希立即轉飭來渝為要；（4）局本部

後門之磚柱牆壁及木門等已壞，應即修理，不得再延；（5）防空洞加強工程，及新鑿支洞之木柱等，何日可完成，希即切實查復；（6）立人小學，可建一能容一百五十人之草頂木架總講堂一幢，並可為雨天操場之用，教職員及學生宿舍，按照目前之需要亦可酌量建築，四週竹籬或改用矮土牆亦可，但須以堅固與經濟為條件。後山之路，可用防空洞打出之石塊來做，大門之校役室（即警衛室）可連在大門建築，照此計劃速估價呈核。」健進。

　　同月十九日，奉先生手諭：「（1）現西南國際運輸已告中斷，本局補充槍彈，除已電港查詢有無辦法以便核辦外，在目前情形之下，應將本局庫存，與發各單位現存之槍彈，確實統計起來，以便調度。軍政部方面，如有可領用者，應與軍械司切取聯絡，設法查明庫存情形，呈請發給；（2）本局所用文具紙張，應盡量核減，必要者准即電柴鹿鳴在金華一帶採購，以能維持到明年三月底為限。（現存已購者在內）電灯材料，准酌量補充；（3）新卡車除買俄國車輛外，現美國車輛已無法進口，故本局目前只有就現有車輛，妥為修理，慎重使用。至大小車輛之零件，現已購到者共計若干？急需補充者之品名及數量，應會同修理廠負責人詳細查明，列表呈核；（4）現海防、仰光、寧波等海口已被敵人封鎖，本局存油究尚有若干，應即查明列表呈核。至此次寧波購油遲誤之責，應由誰負，應將來往電報呈核；（5）照相材料，局本部連同各訓練班準備一年之用，准電港冠夫購買，由航空寄渝。前在蘭州批准發給蘭訓班之照相材料，已照發否？希即查覆；（6）無綫電材料已到與未到者，共有若干？可製大小電機若干？希即切實查覆。」健進啟由上項手諭觀之足徵先生處事體察入微，絲毫不苟。

　　同月二十日手諭：「參訓班房屋迄未修竣，據龔副主任面稱，係會計室無錢發給，弟日前曾手交堯民同志壹萬六千元，並手令發給參訓班修理費三千元，何以至今分文不發，關於參訓班修理房屋手續，與應付之款究應如何清理？務希由郭斌、夢濤、錫麟三同志於明日上午八時前查明詳報。」健進啟。同年同月二十日，奉先生手諭：「（一）本局現有小包車、卡車、機器足踏車，應加強管理，在總務科管理之下，成立一汽車隊，下分若干分隊，機器足踏車編為一隊，照現有車輛，連分隊長至少要有司機十人，其中能開兩輪卡者應有四人，其司機應選思想忠實、體格健強、技術優良者任之。待遇可酌情增加，關於人選可由各司機保荐，至公館用車，可成立一直屬分隊，即以張炳午為分隊長；（二）在總務科管理之下，汽車修理間置主任一人，下設技工、管理員及材料管理員各一人；（三）上列各部份，應速訂定辦事細則；（四）即電冠夫購買機器足踏車司機用風鏡十二副，價錢較便宜之藏青雨衣十二件，雨帽十二頂，是項雨衣不可太長，要有腰帶，身度大袖口應有帶扣，最好向軍服店定做；（五）稽查處防空洞不堅固，應另覓堅固而較秘密者，並須佈置偵察人員，認真工作，尤其是在敵機到達市空時；（六）可將此佈置及偵察情形，呈報　委座，因委座曾有手令飭辦也。」健進手上。同年八月一日先生為宣揚敵後同志奮鬥事實，激勵士氣，特囑余在局本部佈置是日「歡迎我們同志歸來大會。」並勉同志「創造光榮歷史，發揚清白家風。」日吾人工作在前方，最要者為打擊敵偽漢奸，以血的事實來創造光榮歷史，在後方最要者，則為肅清貪污，澄清政治，樹立革命風氣，而樹立革命風氣，最要者為健全自己，革命革心，一切必須自己做起，健全自己，即要發揚清白家風，才能創造吾人之光榮歷史。同年同月二十一日奉先生手諭：「（一）斌兄漱廬房屋損壞部份，務於明日動工修理，所有玻璃灰幔，均應做好；（二）現在十九號服務之勤務兵張仁甫，務

囑其子每日下午二時後來漱廬服役；（三）各部門勤務兵不准赤足；（四）兩浮支路法國大使館下面之汽車防空洞，應囑其繼續工作，趕快完成；（五）天時已入秋，冬季衣料已滙款金華購買，應電促其迅行運至鷹潭，包車轉運衡陽，由鐵道運至柳州，由本局派車接運來渝，不可延誤；（六）上項布料到時，必須雇工自行量製，縫紉機已電仰光購買否？縫工將如何招雇，盼立即計劃辦理為要；（七）交通部借與本局之汽油，在昆明發給之五千加侖，宋主任已電昆明西南運輸處以委座用名義准即撥車運來重慶，可電炎元與該處龔副處長接洽。」健進手啟。

　　同月三十一日奉先生手諭：「斌兄在兩浮支路法國大使館下本局新打之汽車防空洞三個，弟已親往看過，覺得深度不夠，應即飭原包工再行打進數尺，因該山坡太薄，易於炸壞，內部應加木柱及橫樑，並舖以木板，外面應做木柵門，其中應有一洞須轉灣一丈或七八尺，以為儲存汽油之用，希兄計劃照辦為要。」弟健進上。同年九月為加強海外聯絡工作，策劃內外輪調起見，除三弟柏昌（譜名鴻毅），服務於軍事委員會運輸統制局水陸交通監察處，仍留渝外，戴先生率余偕眷飛香港，實地勘察佈置，並告余應力求工作效果，及任務之達成。需用經費多寡，在所不計。吾儕獻身黨國，必須堅守崗位，不畏艱難，應堅忍毅力以赴事功，先覓妥香港般含道住家，另在干諾道中設聯絡處，嗣為便利工作需要掩護，乃在九龍柯士甸路頂來客來門酒店，英文為（KLEVEN, PRIVATE, HOTEL），資本由局本部支付，由余經營，日後賺錢蝕本自行負責，以黃昭明為經理，另在香港干諾道西與翁漢君合營合興旅社，由余投資三分之二，全權歸余處理，派吳次衡常駐該旅社，彼負責監督之責，一切洽妥後，遂將干諾道中聯絡處撤消，對外聯絡專用電話，即移入該旅社，余則偵查港九各大商店、旅

社、酒店及交通情形，俾作緊急時可以利用，並運用社會關係，佈置工作，先後經李秩常、曾政忠兩位，分別介紹認識菲律賓駐港領使館劉秘書，及港政府移民局丘伯通君，中國、歐亞兩航空公司主任，及飛行員，民生輪水手梅希聖等，經過試用一時期，均能達成任務，且忠實可靠，熱心愛國，復由彼等分別再介紹機場、海關及地勤員工，暨灣仔黃醫師，九龍金邊的士領班司機三十餘人，俾工作上有所幫助；余極力展開工作，進行亦極順利。

同年冬歲次庚辰農曆十一月初七日午後五時一刻，在香港養和醫院又生一男孩，取名港生，當時因余化名黃國賓，故未向港政府申請港生出生證。

民三十年辛巳（公元一九四十一年）二月十九日，奉戴先生渝電：「斌兄，李如桐同志業已考取無綫電人員，應即提前赴美，遲恐太平洋有變化也，彼之護照已辦妥，希從速設法，使其成行，並盼電覆，弟金水上。」同年春，汪逆精衛，於二十七年十二月十八日，離渝出走，經昆明赴越南河內，於二十九日公開發表其主張，向敵求和，政府除下令通緝外，戴先生乃命陳恭澍率領王魯翹、余鑑聲、唐英傑追蹤，至河內制裁巨奸，申國法於海外！當已偵明汪逆臥處，決定二十八年三月二十日夜行動，惟汪逆狡黠，是夜與其秘書曾仲鳴易室而臥，致王、余等誤將曾逆擊斃，汪遁上海組織偽政權！以後利用丁默村、李士群諸逆，組織特務機構，專在京、滬等地破壞軍統局組織，因此局中同志介紹吳奇偉君，彼與漢奸李士群有表親關係。願赴滬乘機制裁，經局本部調查確實，准其攜眷飛港，密告余上情。並囑在港為吳夫婦整裝，設法赴滬，吳抵滬後，約有三月，未得局本部核准，潛行來港，並以電話告余稱有要事約在華人行二樓面晤，余思吳係赴滬制裁李士群，無需與余面商，其中必有蹊蹺！即派人密往察看，同

時通知吳君改在香港大酒店樓下咖啡廳見面，經余派往察看人報告，吳君一行有三人，余思吳在港既無親友，亦無須保鏢，三人同行，必有詐謀！即臨機應變，余先往歐亞航空公司大樓，詳告余所運用之電梯司機，將吳等三人衣著及身材，囑其候吳等抵達時，彼等一定乘電梯，即問他要到何樓，若答到六樓，如兩人同行，則送到六樓，如一人獨行，則送四樓即行停止，並偽告六樓已到，當時吳接到余之電話後，即令同行二人先到六樓，因六樓是歐亞航空公司職員宿舍，無處可容身，即徒步下樓，但吳君已乘電梯上樓，電梯司機到四樓即停止，俟吳步出電梯，經余認明無誤，即暗示守候該處同志，予以搜身，搜出手槍後，即押解下樓，在樓下兩人，目睹當時情形擬救吳，但余所派行動人員四人，同時將其制伏，亦搜出武器，遂加上手扣，並警告彼等不准呼救，順利解往余處，當余正在審問吳等，並擬將口供報渝，忽接渝電告知，聞吳君已準備來港，目的乃將余誘捕解滬，交李奸士群，希望能從余處獲悉本局在京、滬、平、津及各海外秘密組織，以遂其逐一破壞之陰謀！囑余注意，並設法將吳捕獲解渝懲辦。幸余洞燭機先，得免於難！否則個人為黨國犧牲，固不足惜，而本局在淪陷區及海外工作無人連絡，勢必停頓；其所受影响，實非淺鮮也。

　　同年夏，我交通部電政司溫司長毓慶，未得當局核准，擅離職守，飛往香港，此時余亦在香港，有一日余在干諾道中遇見溫君，據云渠因眼疾在港經名醫診治，無法治好，遂將醫生證明書交余過目，擬往美國就醫。余遂將上情電報戴先生，先生即通知溫太太轉告其夫立刻返渝，而溫則置之不理，乃派王兆槐兄來港設法解溫回渝，不料溫早已請求港政府庇護，派員護衛；王兄無法完成任務，返渝後，先生即電余繼續注意溫之行動。

　　至同年秋，先生為達成任務，由渝飛南雄，次日以戴力行名搭

機菡港，余在機場迎接時，據余運用港政府派在機場檢查人丘伯通君告余，港府密探再三細看戴先生之護照，恐對戴先生有所不利！余得悉後，即請丘君先行檢驗戴先生之隨員徐之護照交余，另商請余所運用機場海關人員，儘先檢查戴先生及其隨員之行李，連同重要皮箱先交徐君，由余引至機場邊門運出，余候徐君離開機場，即返回報請先生，將自衛手槍交余，一切準備停當，戴先生才往出口處櫃臺領取護照，果為港府密探留難，當場被搜身後，立刻雇車在等車於密探不注意時，建議戴先生待密探汽車開往香港途中，由余暗示金邊的士司機，偽稱汽車發生故障，出其不注意，將密探制伏，然後化裝回返機場，搭乘三十分鐘後之飛渝班機返渝，因該密探所雇金邊的士車所有司機，均為余運用人員，而機票可將飛渝同志留下，改由先生使用，戴先生為顧慮部屬安全，及香港之工作，當即告余曰：「不必為我担憂，是非自有公論，我一向認為我是革命工具，除領袖安全外，不計個人安危！你好好照料徐君。」語畢，即候該司機佯稱修好車子，遂登車，隨該密探離開機場，余即尾隨其後，直至進入警察總署後，余在外等候約兩小時之久，仍未見戴先生出，即電請丘伯通君來商，同時請丘到跑馬地，代余請菲律賓領使館至友劉秘書前來，三人再三研究後，遂決定請劉秘書翻譯，同往晉見香港政府總督，余據理力辯！並謂戴先生身為中華民國政府高級官員，事前經貴府簽證核准，既無非法入境，亦無攜帶違禁品，請問根據何種理由任意扣留？此舉對戴先生個人固無足輕重，但對中國政府官員如此無禮，實侮辱太甚！！爾後勢必有傷兩國感情，請予慎重考慮，除立刻釋放外，應派高級人員飛渝向其道歉。

語畢，港督詢余姓名，及與戴先生之關係，在港操何職業？余答以姓黃，名國賓，在九龍柯士甸路經營（KLEVEN, PRIVATE

HOTEL），戴先生每次來港，均下榻敝店，是余之好主顧，總督乃囑余暫候至午夜後二時，始由警署派員送戴先生至歌羅士達酒店，越兩日，先生決定返渝，港方對先生名為釋放，實仍暗中監視！余為先生購妥飛渝機票，將行李送至機場辦手續時，丘君告余總督亦乘該班機飛渝，依照機場規定，飛機到達起飛時間，即準時起飛，余為考驗香港總督對戴先生之誠意，乃故意請戴先生在九龍杜月笙先生公館休息，候余電話再定行之；旋機場場長（MOSE）報告總督，起飛時間已到，但未見戴先生，是否按時起飛？總督答以渠為戴先生事飛渝，非等戴先生不可，至此真相大白，確已爭回國家面子，乃電請戴先生速來機場，臨行時，戴先生告余曰：「除已早令在渝加強監視溫留渝眷屬外，並囑余亦加強派員暗中監視溫之行動。」據側面調查，溫因家屬不能來港，亦打銷赴美，雖然如此，但余之身份因此而暴露矣？同年秋，滬區周偉龍組，為加強行動工作，報渝請增發左輪手槍三十枝，每枝附槍彈五十發，戴先生電余，在港購買，並設法運滬。照港府規定，槍枝雖可自由購買，惟必需運離港九，故於採購前，必需與海空及海關人員商妥假運重慶，購妥四十支，只兩箱上面有左輪，下面均墊以石頭，余親自送至機場，交海關查驗，並交飛渝同志押運，另與飛行員關照，飛臨大海上空將箱內左輪取出後，石頭拋去。

是夜，余與明星輪水手梅希聖密運左輪上輪，定明日午後啟椗，不料忽接滬電，以上海碼頭檢查綦嚴，無法上岸，囑余暫緩運滬，惟余已將左輪密藏於堆煤艙底，無法取出，不得已即電滬將上情告周君，並準後天可抵滬，候明星輪靠碼頭後，先令十餘位同志假接友人登輪，另雇妥數人在該碼頭附近假打架，乘偽軍制止碼頭紛亂時，擠在旅客人群中離開，總算完滿達成任務。

此事係余親自化裝水手隨輪赴滬，主持上述工作。另有軍統局在

日寇未攻陷廣州前，配置廖公劭同志作潛伏活動，採取情報，與余保持密切連線；自廣州陷敵數月後，已為敵偽破獲即無連絡，而廖仍能為敵方工作，亦無波及其他各組，個中原委，殊不簡單，更非偶然！同年十月間，廖妻忽來港請求與余面談，有要事相商，余思廖自為敵偽破獲，將近經年，如此作為，為恐其居心不善！乃先約在九龍客來門酒店會晤，同時派人暗中偵查，察知在進入客來門酒店前，雖無發現其他隨員，但為慎重計，再約她至半島酒店咖啡廳面談，彼言廖擬派員留港作反間諜活動，要余從中掩護，與時常接觸，願供給敵偽對政府不利情報，並定翌日介紹留港張君，余一面准其所請，一面報局請示，於是彼此連絡約兼月，張君報稱日寇原定十二月八日攻港計劃，嗣以英國忽派一艦隊滿載陸戰隊抵港，未諳其實力，故決定延遲一週，囑余及早離開，如敵偽軍進入香港，殊難掩護余之行動，余遂將上情報局本部陳明，為戴先生事身份已暴露，無法潛伏，但未蒙照准。在日寇攻港前三日，偶有兩人一前一後，緊跟前後，余發覺後，佯為不知，遂乘車往尖沙嘴碼頭，不乘渡船過海，即雇素識之電船直駛干諾道中，作為逃脫之計，弗料彼等亦雇電船尾追不捨，此舉斷定對余不利，乃折回九龍油蔴地碼頭，途中詳告船主，謂余登岸後，船速駛往青山道右邊二百米達無電船可雇之碼頭等余，且不要熄火，切勿有誤！俟余到達一上船，迅即開行，俾免為彼等追上，吩咐妥當，余上岸改乘金邊的士，故意東轉西灣，作緩兵之計，預算電船能到余所指定之碼頭，即請司機加速馬力，往登電船，避開彼等，彼此雖相差數分鐘到達，但無電船可雇，目睹余揚長而去，此余在港九短短數月，經常注意港九各碼頭情形，熟悉路徑，得以從容脫險！不為敵所捕獲，萬一無法逃脫，為黨國犧牲，個人生命亦在所不惜，惟海外工作前途殊難逆料。

　　同年十一月十日，奉戴先生電諭：「斌兄陸乃誠同志患病，准送瑪麗醫院療養，其醫藥費由兄領發。」同年同月十五日奉戴先生灰午正電：（渝）「香港斌兄，汪芳急需派往仰光工作，務希今晚中航機或歐亞機來渝，其應用之衣服等，請兄設法令其帶來，惟此人素好時髦，故上機時，須囑其不可穿好衣服，因在此逃難時，免得旁人對吾人同志有不好批評也。」由此電指示之詳細，可見先生對每個同志之個性習尚瞭如指掌。先生能去人之短，用人之長，所謂無不可用之人，無不可為之事，實為至理名言。同年十一月，奉戴先生電謂：「即轉告良順同志，上月十五日與二十八日，由國賓兄先後轉來手書均已奉悉，吾兄熱忱工作，殊深欽佩！惟兄過去之好高騖遠，不能埋頭苦幹，與實事求是，實為兄一切失敗之主因。萬望兄今後應嚴以責己，反省一切，能埋頭工作，才能造成事業基礎。否則一誤再誤，勢必老死無成也！兄欲往澳門工作，可照准，希即向國賓兄支取港幣六百元，由國賓兄設法左輪兩支，每槍附彈五十發，如有失事等情，萬不可涉及中央也，此事請兄詳為考慮，能做即做，否則不必勉強，在香港不得有任何不規矩之舉動。」同年十二月六日，奉戴先生電謂：「鄭介民先生本日飛港轉星洲，抵港時，希往機場一接，並妥為照料，並代辦赴星一切手續。」余按時往迎，並擬闢香港大酒店以寓之，俾其接待友好，鄭先生曰：際茲國步維艱，胡可浪費公帑？拒寓大酒店，自願屈寓合興小旅社，後聞訊登門約宴者紛至沓來，鄭先生一一婉辭，為避免應酬，情願改遷舍下暫住，並叮嚀再三，萬勿加菜，兩葷兩素一湯即得。斯時鄭先生患沙眼未克立即成行，余為求早日痊癒，擬延名醫為其診治，先生卻云：沙眼小疾耳，何必延名醫，多耗診金，隨便找一眼科醫師即可治療，余思先生公務在身，一切費用可由公家負擔，但他卻處處力可撙節，深恐浪費，其公忠體國之精神，益令人肅然起敬也。是夜，余得確實情報，日寇定十一日攻港，即面報平日極

信余言之鄭先生，先生聞言，反持審慎態度，仍躬親外出四處奔走，多方調查，雖然所得結果與余所報相左，然其臨事不苟，謹慎從事之精神，慨可想見，實令人欽佩無已。

余因担心其安全，並為便伊返渝，十日勸其移住九龍客來門酒店，並為其訂妥中國航空公司飛渝機票，次日早晨敵機果炸啟德機場，俟警報解除後，即送鄭先生速赴機場，等候由渝來港班機返渝，是時日寇部隊雖未進九龍，僅砲轟香港山頂要塞砲臺，余為顧全軍統局派赴海外滯留香港招待所之孫若愚、祝宗樑等二十餘位同志，促彼等齊遷九龍客來門酒店，候機飛渝。時芬妹身懷六甲，將近臨盆，亦同時接其携四子同來九龍，與留港準備潛伏工作同志劉秋芳小姐同住於天文臺道。至同年歲次辛巳農曆十一月二十三日上午九時，產一女，即取名龍生。

當時日寇正在加緊進攻香港，砲聲隆隆，市面紛亂，醫院鐵門緊閉，不得已在家生產，原擬由余親自接生，雖將應用器材藥物早已準備妥當，但無經驗，不敢動手，遂由佣人遍詢同一樓各層鄰居，有無人會接生，適三樓雇有特別護士，即請她接生，小女雖已離開母體，惟胞衣未下，血流如注，不久胞衣雖下，但血流仍不能停止，該護士目睹當時情形，遂告余速往她醫院，請求張院長隨帶止血針藥前來注射，正在此時，啟德機場再度被炸後，中國、歐亞兩航空公司關閉，空運中斷，旋日寇陷港，惟留港二十餘位同志，亟應設法離去，經旬日查探，適有游擊區王隊長來港接眷屬及其部屬家眷，經數度洽談，除沿途費用自理，只包送到淪陷區外，每人應繳保護費及船票等國幣壹仟伍佰元，在港先收壹仟元，其餘到達自由區付清。惟各同志無法負担是項費用，余每月所領經費又有限，客來門酒店及合興旅社所得款項，除付資遣員工後，所存無幾，正在徬徨無計，憂心如焚之際，

憶及戴先生平日訓示：「吾人處事只知為領袖，為黨國為同志而努力，報效黨國，雖粉身碎骨，在所不辭。且領袖昭示吾人應將畢生精力貫注於革命事業，不計生死成敗，立志做國父忠實信徒；革命之成功，全靠特種工作人員能做革命靈魂，國家之保姆，吾人必須認清今日吾人之革命對象，為公仇、公敵！惟親友仇敵，並無鮮明標誌與界限，日敵偽組織，尚有固定之區域，但無數漢奸，乃至準漢奸，潛伏內地，隨時有腐蝕人心，動搖國本之作用！吾人必須提高警覺，予以破滅！凡已經違反革命，或對國家民族不忠不孝之人，雖為吾人之至親好友，亦不能明知故昧，而須鐵面無私對付之！須知對敵人慈悲，即對同志殘酷；。人之鐵與血，非僅對有形敵人，而應用以剷除吾人內心之紛歧複雜之思想，消滅接近吾人之敵人，以斬釘截鐵之意態，鞏固自己之革命立場，以不可搖撼之精神，準備破釜沉舟之鬥爭；如此，始為真正革命人生觀，革命事業，原是為人所不為，其出發點純係對人類之同情心，志士仁人，有殺身以成仁，可以赴湯蹈火、摩頂放踵、捐骨肉、肝膽塗地而不辭者！！全由其悲天憫人之志願與熱忱所驅使；故吾人應即堅決抱定此革命人生觀，以流血來灌溉先烈所種之燦爛鮮花，以流汗來培養將成熟之革命鮮果，以流淚將此千千萬萬之淚水滙成一宏大而奔騰澎湃之怒潮，為激進我革命工作之動力。」

余回憶領袖之昭示，及戴先生平日訓誠，精神為之一振！彼能如斯，余何人耶？豈可貪生怕死？思念至此，即不顧港九交通中斷，日寇封鎖海面不准通行，抱著萬死一生之決心，雇小艇冒險偷渡香港，設法款項，不料小艇行抵距香港五十米達，發現日寇巡邏艇，雖遭受機槍掃射，幸船伕機警，囑余迅速隨他下海游泳岸邊，小艇雖中彈，但余等全無受傷。登岸後，直趨軍統局駐港出納張冠夫兄處，詎知張兄已先期離港，即轉往灣仔黃醫師處，將日寇佔據九龍後迫害同胞之

實情詳告，並邀其乘機攜眷同逃，所遺財產，可交我方潛伏同志代為看管，磋商至再，方同意余之意見，允許負責墊付二十餘位同志離港費用，由余出具借據，另由余電渝，候黃醫師到達重慶憑據奉趙。余為取信於黃醫師，將擬發電稿示彼，並催其迅速準備，黃醫師因國幣不夠，又四出兌換，余即尋小艇談妥，至午夜後偷渡，同時余帶潛伏同志至黃宅，介紹彼此認識至午夜二時登艇，安然返九龍客來門酒店。

翌晨，面晤王隊長，洽妥起程日期及上船碼頭時間等，屆時，余即邀同各同志乘黑夜登上王已包妥之小火輪，駛離九龍後，余獨自返舍休息。翌晨，潛伏佐頓道電臺負責人李應臣來報，該臺為日寇十餘人佔住樓下，深恐再住樓上。為顧慮電臺安全計，余再冒險前往設法將收發報機攜回，裝在家中，是夜與重慶恢復連絡，並報告港九情形，及二十餘位同志亦已離港，發報時，為恐日寇偵知，乃故意將自來水龍頭弄壞，盛以鐵桶，使發聲燥雜。午後為收取國際飯店欠余介紹住客酬勞餘款，道經彌敦道，被日寇憲兵巡邏隊扣押於紅雞酒吧臨時拘留所，至五時許忽有日寇攻港九高級軍官，駕車巡視各拘留所，至紅雞酒吧後，該車忽然無法發動，市面各店舖均關閉，無人修理，詢及拘留所內人犯，余即應聲或能修復，並偽稱余是臺灣人，過去受英人虐待之苦，汽車修好後，願充駕駛，並討得一名片，始知彼為木村中佐，該車經余檢查，知為電椿頭鬆弛，無法通電，一經加緊，即可發動，同時囑司機檢查油箱存油，余即發動，趁試車不備之際，加速馬力，逕向海邊駛去，約距海三十米時較正方向盤，拉起手油門，隨即跳出汽車，臥倒於地，假裝為車所傷，汽車依然前進，時日寇憲兵雖追到，目睹該車墜海，認為余亦葬身海中，余能脫離虎口，亦屬萬幸！！旋即潛住處，面請劉秋芳小姐利用漢奸，送芬妹等往香港，余

即携帶平時準備好之醫生用葯箱，直趨尖沙嘴碼頭，出示木村中佐名片，偽稱為他診病，囑即趕往，請碼頭憲兵給余方便，不按次序提前過海，即赴潛伏香港站站長劉芳雄處，並將客來門酒店之營業執照，面交劉同志接收，歷時一週，始購妥船票赴廣州，往順德到市橋。

　　據該處商人告知，九江對岸，仍由游擊隊據守，同時適有潮州人李君，在市橋經商，擬返原籍，苦無人作伴，在淪陷區則有同在市橋走單幫之商人照料，送到九江，過江後在游擊區，身懷巨款隻身行走，甚感不安；事有巧遇，適余為探詢離淪陷區較安全之路，無意聽到他們以客家語暢談，余即步入該店，以余原籍汕頭，偽稱在港經商，因敝店毀於日寇砲火，幸全家早已逃避，始免於難，現携帶全家擬返汕頭，但旅費所剩有限，故想早日首途，但未諳路徑，李君聞悉，即滿口答應彼此既屬同鄉，旅費無問題，我可墊付，到達汕頭後歸還，亦不遲。彼此洽妥，再由李君與走單幫商人洽談，由他應付沿途十二個偽軍檢查哨，由水路至九江，除船票自理外，全家保護費國幣參仟元，候到九江游擊區，由李君墊付。談妥後，第三天登船啟行，沿河雖有檢查哨，要船靠岸檢查，幸得走單幫者常走此路，與各哨負責人素有交往，且應付得當，免予靠岸，經五晝夜抵九江，原擬當晚雇船偷渡，經接洽後，始知昨晚有船偷渡時，為日寇巡邏艇擄去兩艘，李君聞訊後，即往該處觀音廟燒香求菩薩庇佑，並求得籤時指示，再五天後，即可安全偷渡；即囑快艇注意巡邏艇出沒地段，第六天晚上，才談妥每人國幣壹佰伍拾元，無人乘坐空艇每艘伍佰元，是夜余雇三艘快艇，余全家及李君同坐中間一艘，其餘兩艘，則距中間一艘各五百米達，若遇巡邏艇，艇上無客人，日寇不予留難，但應設法與其週旋，藉以拖延時間，俾余等能達彼岸。洽妥後，至午夜後三時開始偷渡，快艇剛划至河中五分之二處，即聞巡邏艇聲，斯時李君即跪在艇板上

口唸南無大慈大悲觀世音菩薩！不斷的繼續唸，忽然濃霧下降，能見度僅一公尺，同時船伏加速划行，始安全到達，大家迅速逃上岸，躲於草叢中，幸未被發覺，驚險萬狀！！冥冥中，確有神明佑我也。

巡邏艇離去後，濃霧亦漸漸消失，才免於難！沿途幾經艱險，到達游擊區，休息一日，再步行兩天，在四會雇小船抵清遠，即上岸，急電重慶報告戴先生，余已逃離香港，安抵清遠，經英德，不日可到曲江，請即滙款捌仟元，俾余歸還李君墊款。抵曲江時，水警團湯團長毅生兄早已派員在碼頭迎接，是晚並設宴為余洗塵。席間湯團長告余戴先生已滙來壹萬元，要余趕回重慶，籌備九週年四一大會事宜，並已購妥明晨赴桂林火車票，抵桂林時，委員長桂林行轅辦公廳曾組長大成兄亦按時派員迎接，並已定妥後天飛渝機票，飛抵渝時，已是民三十一年壬午（公元一九四二年）三月下旬矣。

在珊瑚壩機場降落後，舊部唐伯泉、青萍及軍事委員會運輸統制局水陸交通監察處陸科長穎飛等三十餘人來接，惟未見三弟，當即詢陸科長，驚悉三弟自到監察處服務，平時工作勤奮，操勞過度，不幸為肺疾所染，半年前已就醫於歌樂山中央醫院，次日陸科長陪余前往探視，並詢主治醫師告余病情，據云肺葉已爛，縱有特效藥，亦難起死回生，細聽後，甚為婉惜，如果隨余赴港工作，或余在渝，定不致如此！當時遂向陸科長責問，如果早日通知，俾余在港搜購特效藥，可能恢復健康，現已病入膏肓，無可奈何！此時余雖在渝，但戴先生命余主持佈置四一大會，無暇分身前往照料，可憐三弟，延至同年四月二日晨六時三十分棄我而去！！！在喪事料理時，同時報告戴先生，蒙准莽在龍隱鄉，磁器口紅爐場軍事委員會調查統計局公墓，面向墓地，右手由下而上，為第三排，右邊倒數第三穴。另准所需費用均由軍事委員會運輸統制局監察處開支，並准併入軍統局死難同志

內，呈請上峰撫卹，不久上峰批准撫卹九年，年發撫卹金【○○】元。三弟生前對三兒宜生特加寵愛，臨終時，允將宜生為他穿蔴帶孝，作為螟蛉子，永傳一脈。

　　余休息旬日，將全家安置飛來寺居住。同月十日，戴先生蒞臨羅家灣十九號局本部甲室，與機要秘書張毅夫、王撫洲等寒暄，談及現在局本部各項開支，在張樹勳主持下，頗多浪費，較之郭斌任內，逾越兩倍以上，長此以往，不堪設想；於是先生乃屬意余再行負總務之責，余思考總務工作吃力不討好，容易開罪同仁，堅拒接受，先生再四要余接辦，僵持不下，最後余答以自香港逃出，所有行頭，全部丟棄，一家七口，席地而臥，連一床棉被床舖均無法購置，況余又未學過總務，歉難遵命，頗有滿腹牢騷盡行傾許之慨！先生再對余言：「余亦未學情報工作，怎能做而做得不差。」余答：「苟余有你之本領，余就不做你之部下。」嗣經張、王兩位秘書力勸，謂戴先生為駕輕就熟，責成於君，乃是命令，亟須服從，仍請勉為其難；最後余乃答應，戴先生又言：「汝既無床舖及棉被，可隨余到曾家岩公館，任你挑選，及所需物品，明日即搬入局內接收，非外宿時，則不准擅離責守。」同時又通知會計室，發余特別費國幣伍仟元。奉命之餘，余復聲明，自余負責後，有關總務部門一切應興應革事宜，由余擬具擴編總務處計劃，報呈核示後，全權交余處理，任何人不得干涉，且要極力支持。先生亦滿口答應，事後先生離去，張、王兩位秘書對余云：「在局本部除君一人外，誰敢與戴先生強辯，無論何人，亦無此胆量。」余答：「戴先愛護部屬，無微不至，抱有民主風度，寬宏大量，能忍人所不能忍，為人之所不能為，為人之所不屑為，只要對方有理由，絕不堅持己見，定能接納他人意見，余當時與其強辯，不獨毫無慍色，且表示誠懇接受，況余已以身計黨國，在崗位上，公而無私，有職無權，

尸位素餐，寧可犧牲，且戴先生在未明真象時，欲取余頭者，先後不下十餘次，迄今頭仍在余身上，實因凡事不存苟且之心，故能化險為夷也。」

事後先生又對張、王兩位秘書云：「郭斌胆敢與余強辯，相信對誰均不苟且敷衍，實是個硬漢。」同月十二日，奉先生手諭：「斌兄：局本部總務科範圍日擴，業務亦日益繁複，樹勳兄固努力負責，但因情況欠熟，一切開支，難免濫費，弟始終認定一個機關工作之成敗，完全在總務辦理之得當與否也，故望兄仍負局本部總務科長之責，弟已明令發表矣。請兄即前往接事為要，至於兄之生活，弟當為之顧到也。專此敬頌大祉。弟笠手上。四月十二日。」

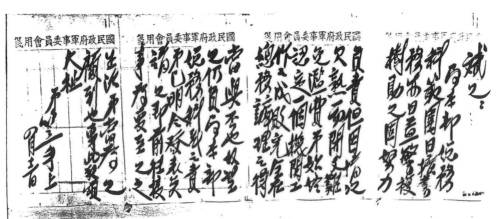

此係戴先生親書函令余員總務科長戰

翌日即遵命交接，絕對做到節省，不濫費、廢物利用、補舊為新三大原則，極力緊縮開支，迅即擬妥領用辦公用品領物表每人一份，準備立即實行，正與毛秘書妥商，但其認為原則綦嚴，實行困難；當

時余請秘書室同仁支持，又接先生同月十八日手諭謂：「斌兄：查本局文具紙張之消耗，為中央各機關之最濫費者，望兄迅行查明在渝內外各單位實際需要之情形，力行緊縮，實行節制，不應發給者應即停發為要。各單位領用物品，尤須責成週督察切實負起監督之責，如有濫費或走漏情事，定必嚴行懲處！希將此函送人鳳、壽華兩兄一閱。」奉諭後，不顧一切，開始實行領物表制，嚴密核發。多數主管尚能支持，按各同志實際需要，先行核減；僅譯電室夏主任天放，對徐同志所領之鉛筆，因攝於與戴先生甥舅之關係，不便核減，照他請領數轉送領物室查核，經查徐同志前領鉛筆，理應足用，余遂停止不發，不料徐以領不到鉛筆，無法譯電，不肯上班，往曾家岩公館報告，奉戴先生查詢，余將譯電室每天譯電最多之李良駕同志，每週總共譯出字數，及其領用鉛筆數量，與徐同志每週譯出字數比較，李同志則多徐二倍有餘，而所用鉛筆反少於徐同志一倍！先生明瞭實際情形，並請夏主任證實，即命余將徐同志送往禁閉，要彼悔悟後方准釋放，同時李同志愛惜公物，則傳令嘉獎。經此一番償罰，大家皆據實請領，由此小事，可以窺見戴先生賞罰嚴明，其親為外甥，亦不庇護；愛惜公物，公事公辦，此種對事不認人之精神，足為後人之楷模。

　　同月二十一日，先生關懷同志健康，在前方電余曰：「天氣漸熱，時疫流行，本局在渝內外勤人員，日益增加，對於時疫之預防，藥物之補充，迅即與戴夏民院長妥商，務須及時籌劃，能向衛生署及軍醫署請領者，則應即呈軍委會辦公廳准予備函交由本局分別請領，無法請領者，則應開具必需藥品，函港購買，同時對息烽、蘭州兩訓練班需要藥品之數量，亦須計算在內。」同月二十四日奉先生手諭：「斌兄（一）藍家院子房屋急須動工修理，現尚居該處之居民，應即交涉遷讓；（二）現在鄉下之倉庫，應即全般【盤】規劃，將所有物資、

器材,分別存放,並派專員負責保管;(三)現在藍家院子之第四處器材,應即查明,遷移獨立庫房,妥為保管,此事限三日內辦妥,不可再延也。」同年五月,戴先生有一次親臨羅家灣大禮堂,發現早餐與席人數僅十分之一,當時詢余是否每天如此,余答不一定,如今天之情形不多見。餐畢,各同志離去後,戴先生即上講臺坐定,余即命兵伕趕緊收拾,準備舉行國父紀念週,至八時開始舉行,由余司儀,於訓話時說:「今天早餐,只有百餘位同志參加,其餘同志為何不與膳?」又接著說「此乃余領導無方,我罰跪十分鐘。」於是將渠隨帶之手槍放在講桌上,轉身面向國父遺像跪下,余目睹此種情形,隨之跪下,各同志亦同時跪下,當時會場氣氛十分嚴肅,十分鐘後,戴先生起立,余即發出起立口令,先生繼續講:「從明天起,再有此種現象,此地即是刑場,我就是劊子手,你們要注意就是了。」可見先生處理事情,不論事之大小,極為認真,整飭紀律,以身作則,先從自己做起,焉不令人感動?

先生領導同志,是以「理智運用,情感結納,紀律維繫」三大原則,進而達到「團體即家庭,同志如手足」之目的。所以新進同志,亦常能建功,此非常人所能及,同年同月某一晚上,領袖為急於瞭解香港情報,遍詢重慶各情報機關,在港所屬潛伏電臺,均失聯絡,乃詢先生,本局在港電臺是否靈通?先生毫不猶豫答以「暢通」,事後竟發覺故障,斯時更深人靜,余隨侍在側,先生雖未將情告余,然覩其憂戚之容,時或靜坐支頤沉思,時或低頭繞室而行,知其心情沉重,似有緊急待決之事;片刻之後,忽囑余速邀魏處長大銘,前來曾家岩公館面詢一切後,漏夜偕同趕往郊外南坪電臺,該臺位於重慶市磁器口南坪山上,汽車僅至楊公橋,須棄車徒步登山,羊腸小道,崎嶇蜿蜒!白天行走尚覺不易,況黑夜乎?余與魏處長再三勸告,請其不必

親往，但先生非親赴一行不可，於是三人只好辨別方向，攀援危崖，摸索而上，到達電臺時，天將拂曉，先生親自指揮監督報務人員完成通報工作，不辱使命，此事若出自他人，或即將致電話通知電臺負責人辦理，或派人督促了事，先生所以親臨其事者無他，蓋勇於負責，忠於工作也。

先生對領袖之意志命令，唯命唯謹，從來不折不扣，貫澈到底為奉行領袖命令，貫澈領袖意志，雖鼎鑊在前、刀鋸在後，亦在所不顧！先生處事不論鉅細、難易決不推諉，決不馬虎，決不敷衍，決不自欺欺人！確能實踐眼到、手到、腳到、耳到、口到、苦幹、硬幹、快幹，其律己綦嚴，不怕死、不要財、不為名、不爭功，愛國家、愛百姓、愛部屬、愛團體，見義勇為，當仁不讓，樹立正義，轉變萎靡不振之風氣。先生對黨國、領袖，矢志忠誠，向以國家民族利益為前提，以革命行動為唯一要求，先生常勗勉同志革命青年要秉承領袖意旨，體念領袖苦心，摩頂放踵，為領袖分勞分憂，先生之作風，其所以至今仍令人感念追思者，豈偶然哉？余以多年隨侍左右之片斷追思，述其事，懷其人！以誌思慕耳。

同月為求澈底明瞭東南公開與秘密單位狀況起見，戴先生命余以軍事委員會運輸統制局水陸交通監察處專員名義，出發東南地區，視察所屬各檢查站，財政部緝私處及貨運管理局兩機構之各分處，查緝及搶運物資情形，暨軍事委員會調查統計局各秘密單位之需要，由渝飛桂林，至委員長桂林行轅辦公廳，訪曾組長大成，次日至曲江貨運管理局曲江分處，晤李處長崇詩，及檢查站，稅警團湯團長毅生後，休息一夜，轉往贛州緝私處查緝所，訪韓所長及檢查站，午後抵江西之瑞金，經長汀往福建之龍巖晤胡寶三同志，及查緝所。次日返朋口，轉永安，訪易珍同志及檢查站後，赴南平檢查站。連日視察各有關機

構，並為確知建甌東峰中美第七訓練班施訓情形，由南平經建甌抵該班時，李代副主任修凱提出迫切需要事項：（A）目前已有學生六百人，軍服、軍毯、棉衣等尚付缺如；（B）本班無診療所；（C）校舍不敷，學生勞動服務自建，致身染疾病者五六十人，亟需設法醫治；（D）大隊長、教職員均缺，請速選派；（E）局本部按月所發經費不敷開支，請酌予增加，在此環境下，李君表示倦勤，請另選副主任來班主持。

余明瞭上述情形，急電戴先生，迅即選派副主任接替，余即率領病生往南平駐院療治，然後往福州，與嚴市長靈峰及江處長秀清洽商，先墊國幣伍拾萬元交余轉發中美班急用。當時貨運管理局福州分處江處長，奉命調緝私分處處長，遺缺由該處陳專員升充，電余分別監交。復據密電，前福州警察局林局長超，貨運分處劉專員啟光兩人，有貪污瀆職嫌疑，囑余調查，如果確實，解渝聽候治罪，經數日搜集各方資料研究，彼等確係受冤，即對劉專員面予慰留，努力工作，並決定帶林超往中美班充大隊長職，到達該班時，重慶已派金樹雲同志來班主持班務，遂將五十萬元交金副主任，余即往浙江之鉛山，向第三戰區顧長官祝同請領軍服、軍毯、棉衣、水壺、乾糧袋等，經再三交涉，始准各發六佰份令繆總監照發，領到後，即運交建陽檢查所徐所長滌寰，轉運福建之建甌縣政府暫收，一面電金副主任，派同學前往領回。翌日由建陽而往福建之崇安，浙江之開化、遂安，達淳安貨運管理局，淳安分處張處長性白處，次晨沿嚴州趨場口，召集搶運物資同志會議，先聽取彼等意見，然後宣達戴先生之意旨與計劃，詳為解釋。事畢，循原路返建陽，休息一日，並晤檢查站葉站長寶銓後，再往福建之浦城檢查站朱站長厚卿，次日往浙江之龍泉緝私分所，午後繼往麗水檢查站，由該站站長謝哲琨代為雇妥小船赴青田。

　　接密電浙東貨運管理局浙東分處趙處長世瑞，賬目【目】不清，混水摸魚，囑余查明具報；余抵青田，即往前陸軍第一師陳燧團長之老太太處，承其雅意留宿其家，當晚密請分處會計暗中來晤，囑其將趙之情形先行搜集資料，候余溫州返回，俾余明瞭再與趙面晤要他答覆。在溫州忽接戴先生電，迅即趕回福州，至青田時，將資料帶返，加以研究，報請局中核辦。抵福州後，即與江、陳兩處長漏夜計劃，研究打撈被炸之日寇運輸艦所漂浮閩江口外一帶汽油，運回福州，轉運重慶，經數日打撈，為數不少，並請江、陳兩處長繼續打撈，余即起程，順原路回渝。抵曲江時，李處長崇詩出示渝電，要余在曲江等候，隨戴先生往東南，余思之再三，似可不必再往東南，定係人事、會計兩室報告戴先生，以未經核准，擅發中美班國幣伍拾萬元，及應解送局本部懲辦之林超、劉啟光等，不但不予扣押，反而越權派林超往中美班充任大隊長等事，有所責難；余自問，于心無愧，縱然是越權處理，但權衡利害、輕重、緩急，把握當前事實需要，一心為團體、為學生，秉公無私，不貪贓不枉法，不為個人著想，縱有過錯，願由余承擔。且為減少枉耗旅費起見，遂決心不予等候，先行回渝，聽候處分；及先生返渝在舉行國父紀念週訓話謂：「郭斌兄處理東南各種事務，暨為學生被服裝具向第三戰區交涉領到軍服、棉衣、軍毯、水壺、乾粮袋等，煞費苦心！總言之，郭斌兄所處理各事，並無不妥之處，倘使郭斌兄對中美班不及時處理，妥善安排，恐該班同學，盡皆離班，本局之損失，則不堪設想。」除當眾嘉獎外，並令會計室即發獎金貳仟元，戴先生至大至剛，大公無私之精神，概可想見矣。

　　同年八月三日奉諭：「郭斌、益三、耐冰諸兄均鑒：在郊外電臺尚未建立以前，對收發報機之保護與報務之維持，應速作如下之補救：（一）現在遺愛祠巴蜀中學內之九架收報機，尚應繼續疏散，留置該

校者並應速挖防空洞（較堅強者）備作空襲時，保藏機件之用；（二）馬鞍山置三架發報機太多，速移動兩架於其他處所；（三）遇發出警報時，無論收發報機，應一律移置於較安全之防安洞內，除電臺職員應負移動機器保存機件外，並准予酌量增雇可靠工人為幫助移動機器之用；（四）疏散各電臺之房屋與保護機器之防空洞，應由總務處負責辦理迅速完成。在疏散臺址與保護機件之防空洞未辦妥以前，遇空襲時，機件之保護辦法，應由兄等妥商辦理。總言之，各收發報機，必須盡力保全也。澤霖手啟。」

同年同月三十一日奉戴先生手諭：「（一）舊爆破訓練班地址之視察訓練班，限二天內遷出，加以修改，為中山室之用；（二）視察班即遷現招待所地址；（三）參訓訓練班五、六兩期仍轉回大興場；（四）藍家院子房屋，應即加以修理，為立人小學之用；（五）舊爆訓班前面之空地，應即加以整理，為球場之用；（六）原招待所前面之操場，應即加以整理，為集合場之用；（七）五、六兩項工程，以各班學生勞働服務任之，總務處應即置備工具，並雇用少數石工協同工作，至工程之施行，應由辦事處會同各班隊長詳商辦理；（八）煤炭廠房屋之地板、平床，應即裝置；（九）外事訓練班前面之集合場，應加以整理，其辦法見第七條；（十）原暑訓班全部房屋，為特種技術訓練班之用；（十一）勤務訓練班，即遷外交班地址；（十二）招待所遷爆破研究所地址；（十三）南洋訓練班，即遷王家院子待命分發；（十四）原參訓班前面之石礎及園地，應加以整理，其通路亦應改建；（十五）現曾姓房屋附近之草房，應改造瓦屋三間（用舊料可也），為警衛駐所；（十六）查緝幹部訓練班原址，班本部與大隊部，在原高幹班地址；（十七）查緝幹部訓練班之電訊隊，即遷南洋班原地；（十八）原參訓班至紅瓦廠之通路，應即修造，並須架一木橋；

（十九）化學實驗室，即遷大禮堂下面外面一棟（即前圖書館）；（廿）特種政治訓練班暫行結束，所有用具，交總務處接收，人員撥歸特種問題研究所任用；（廿一）特種問題研究所，准遷特政班原址，原特種問題研究所房屋，應加以修理，備作別用；（廿二）黃泥堡所有房屋，應即著手修理，為居住特種人員之眷屬，及消費合作社之用，現有通路，應即更改路綫。（廿三）立人小學應嚴加整頓，內部辦事，應劃分權責，所有不稱職之保姆，應即撤換。本年下期，至少應聘請品性純良，有保姆經驗者兩人，担任保姆，其待遇不妨提高（此事可以本人名義函熊芷與毛彥文兩先生代為聘請）；（廿四）冬季警衛與各班學生每人至少要發黑布夾袜兩雙，應由總務處、會計室會商辦理。息烽監獄工場，能否負責辦理，每雙計工本若干，即電周文浩同志分別工料計價呈核（此事限十天內呈復）；（廿五）今年物資特別困難，預計明年物資勢必更加困難。本局今年冬季學生、兵伕之服裝，軍需署能否照過去如數發給，應即設法查明具復。又本局現存文具紙張，尚能供應若干時日之用？希即查復，並即計劃補充，關於東南（建甌）、西南（息烽）、西北（蘭州）三訓練班，明年上半年之文具紙張等，每班應即籌發拾萬元為準備文具等之購置費用；（廿六）查軍政部通案，每一套棉軍服應穿兩年，本局各部門去年業已領過棉衣，今年保管之程度如何，各部門尚須補充若干？限總務、會計、訓練、秘書各部門，迅行會商，切實查明，於十天內呈復，雷雲手啟。」奉命後，迅即分別遵辦。

同年九月七日，奉戴先生手諭：「斌兄：現霧季已屆，雨天必多，第一臺人員工作地點，與宿舍距離太遠，影嚮【響】工作甚鉅，故第一臺辦公室，及宿舍等之建築，刻不容緩，惟此時建築，為委座所禁止，且第一臺地址正對浮圖關，如吾人大興土木，必為委座所不許，

故此種房屋之建築，應用木架蓋草，藉以減少目標，希即先行估價，早日動工為要，弟雷雲手啟。」

同年十一月十五日，奉戴先生手諭：「本局應即籌開一旅館，作為來渝同志居住之用，並可容留其他旅客，有十數房間足矣，因新都招待所房飯價目太貴。本局外來同志，不宜投往現住，彼處之同志，應即另覓旅館居住，如果譯電科與接頭處有房屋可以遷移，則以漱廬為旅館地址可也。」奉命後，極力設法籌劃。

同年十一月，調升余為設計委員會少將設計委員，命余兼局本部總務處處長之職，民三十二年癸未（公元一九四三年）一月十七日奉戴先生手諭：「（1）遵義煉油廠現在工作情形如何？是否業已停工，何以迄今只煉出汽油兩噸，希速查明詳報；（2）本局目前尚存有汽油若干？去年十一、十二兩月，究竟消耗汽油若干，本局與緝私處之汽油賬如何結算，目下緝私處究竟短欠本局汽油若干？希即切實查明具報；（3）鷹潭去年在浙贛戰事發生時，只存汽油十七大桶，當時本人在鷹潭回衡陽之一卡車應用，其運江山十三大桶，早已因搶運局本部與緝私處存衢州江山一帶之人員，電機、被服等，及本人自江山回重慶，並接濟梅樂斯（MILTONE. MILES）視察閩、浙沿海車輛之用，尚有不敷也，何以今日鷹潭尚有存油二十一大桶乎？而況鷹潭曾經敵軍佔領，即有存油，亦豈至今尚能保存無恙乎？此一筆糊塗賬，我實不知我秘書室與總務處，及汽車隊如何寫出來也。本局對所有物資如此馬虎，誠不知如何管理也；（4）此次出發廣德之車，究竟應走何條路綫？希即會同監察處查明詳報。至於所有車輛，回程裝載何種物資，亦須查明具報。俟路綫與回程運載物資決定後，再行計劃油量；（5）此次出發車輛，如至金城江用火車運到衡陽，再由衡陽駛往南城，轉光澤、邵武、建陽而至淳安，則吾人應準備自渝抵金城江

一段之油量，准用三分之一汽油，三分之二遵義煉油廠汽油，其自衡陽至建陽一段之油量，應如何準備，希即妥為籌劃；至由建陽至淳安來回之汽油，似可電靈峰、秀清兩同志在閩搶購之汽油，運載若干來應用；(6) 江山至淳安究竟有無公路可通？與由曲江經贛州，至瑞金、南平，至江山，或由衡陽經南城至建陽抵江山，究竟何條路為宜？亦須事前查明也，否則甯可稍緩幾天再出發，吾人做事，絕不可馬虎；(7) 繅絲廠範圍內之電灯「方口」應即由總務處設法趕裝，務於半個月內裝成，余龍手啟。」

同年二月二十六日奉戴先生手諭：「繅絲廠範圍內所有訓練班及招待所暨辦公處防空洞汽車間等，均須裝設電灯，希即估計，如有不敷，准速採購，又此次內務檢閱凡我城鄉內外羅家灣與繅絲廠各部門均須詳細實施，故對檢閱委員應即指派，妥行組織，規定檢閱項目與辦法，及時間等，準於三月三日下午三時，在特警班大禮堂舉行；成績報告，並給獎與講評，一切程序與獎品及罰則，均須妥行準備，余龍手啟。」

中美所・開羅・運輸

第四章

SINO-AMERICAN COOPERATIVE ORGANIZATION, CAIRO, AND TRANSPORTATION

　　本章內容主要以民國 30 年（1941）12 月 8 日美國加入第二次世界大戰與中華民國開啟了正式的軍事往來關係後，雙方在重慶成立中美特種技術合作所，而郭斌因為長期在軍統局內擔任總務工作，再加上其豐厚的軍事涵養與早年隨軍征戰多處對於地理知識的熟悉，因此，在中美所以及往後西南地區運輸工作中，皆扮演了相當核心的工作角色，直至 34 年（1945）抗戰勝利。

　　軍統局在珍珠港事變爆發前截獲並破譯了日軍艦隊的電報一事，讓美方對於我國情報工作之準確大為讚賞，於是積極欲與我方合作，在民國 32 年（1943）4 月美方正式簽字後，7 月 1 日，這個隸屬於中美雙方最高統帥部的「中美特種技術合作所」正式成立於重慶龍隱鄉磁器口鍾家山。郭斌此時也升任少將並任軍統局總務處處長，從南京雞鵝巷事務股開始，逐漸擴充總務科以至總務處階段，先後十餘年，郭斌均是負責總務相關事務，乃至於中美特種技術合作所成立後的總務組工作，戴笠亦將交由郭斌負責。

　　有關本章郭斌撰寫之回憶錄大致內容，節略如下：

- 珍珠港事變後美方對於我國情報工作的重視
- 中美特種技術合作所成立始末
- 受戴笠之命，以護衛領袖元首之職，隨侍蔣中正夫婦前往埃及開羅參加三國元首會議
- 郭斌紀錄下的開羅會議過程
- 戴笠命郭斌規劃有關西南地區至緬甸、印度的運輸計畫
- 中美特種技術合作所工作內容及美方來華人員

The timeline of this chapter begins on December 8, 1941, when the United States entered World War II and became an ally with the Republic of China. China and the United States then established the Sino-American Cooperative Organization (SACO) in Chongqing. General Kuo was instrumental in developing and executing the SACO transportation plans in the southwest region along with other key SACO initiatives due to his lengthy service as the director of general affairs in the *Juntong*, and his extensive military and geographical knowledge. This chapter ends with the victory of the Anti-Japanese War in August 1945.

Before the attack on Pearl Harbor, the Juntong had intercepted and deciphered the Japanese fleet's telegrams, thus validating the accuracy of China's intelligence capabilities and increasing the United States' interest in collaboration. The Sino-American Special Technical Cooperative Agreement was signed between the United States and China in April 1943. Being affiliated to the Supreme Allied in the China Theater, SACO was officially established in Chongqing on July 1, 1943. General Kuo, who was promoted to major general and served as director of the General Affairs of the *Juntong*, served as the SACO general affairs team leader. Starting from the Nanjing period, General Kuo had managed *Juntong* general affairs for more than ten years with increasing responsibilities. Therefore, Dai Li felt comfortable letting General Kuo direct SACO general affairs as well.

Key content topics and events included in this chapter:

- Chinese intelligence work after the attack on Pearl Harbor and U.S. relationship

- The establishment of SACO.

- Under the order of Dai Li, as a special security detail, General Kuo accompanied Chiang Kai-shek and his wife to Cairo, Egypt to attend the Cairo Conference between China, the United Kingdom and the United States (the summit of Franklin Roosevelt, Winston Churchill, and Chiang).

- The Cairo Conference meeting activities.

- Dai Li's order to General Kuo establish transportation plans from the southwest to Myanmar and India.

- Duties of SACO and its American personnel.

　　斯時抗日戰事正殷，戴先生早已希望美國能助我加強游擊隊之訓練與裝備，藉以打擊並牽制日軍，在三十年十二月八日珍珠港事變發生以前，我方搜獲日寇艦隊有偷襲珍珠港企圖之確實情報，特電由本局駐美任大使館副武官蕭勃同志轉陳美國戰略局局長鄧諾文將軍（WILLIAM DONOVAN）惜美方未予置信，鑄成大錯！至此美國對我情報之準確，始予重視後，鄧將軍即與美軍海軍中幾位熟悉中國情形之軍官，如艦隊訓練處處長兼海軍部內管制委員會委員之李威廉上校（CAPTAIN WILLISA. LEE），海軍情報處遠東組組長麥克倫上校（CAPIAIN【CAPTAIN】 McCOLLUM），與該部內管制委員會紀錄官梅樂斯少校（MARY MILES），對中國情形非常關心；且當時美國海軍已實施武裝護航，為了能得到日本軍艦在太平洋西岸活動情報，為了能迅速接獲西太平洋之氣象資料，妥商結果，彼等以為最好由海軍派些觀察員到中國，與中國人合作，由中國人代為蒐集，定能事半功倍。

　　後來彼等與軍統局派駐美中國大使館副武官蕭勃會談，大家熱烈討論此一構想，事後蕭勃除積極贊助之外，並願負責聯繫此事，因此李上校建議海軍軍令部部長金氏上將（ADMIRAL ERNEST J. KING），遂有派遣梅樂斯來華之事實，因梅樂斯是海軍中著名電機水雷工程專家，曾在美亞洲艦隊服役，巡弋遠東，遍歷我國各大港埠八年之久，對我國沿海及長江一帶地勢、港灣、民情風俗，頗多了解，所以金氏上將遴選他來華，在梅樂斯來華之前，金氏上將、李將軍（李上校已晉升將軍）蕭勃與梅樂斯在「華盛頓大飯店」討論，「如果允許美國海軍在中國放手去做，將可作何種工作，將以何種方式合作去有效打擊中美之共同強敵日本？」蕭勃當時秉承戴先生一貫指示，提到包括交換情報，訓練游擊隊，從敵後策應美海軍打擊敵人等項目，

同時提出很多中國可以協助美軍之方法，但金氏上將，將信將疑，尤其對我國敵後工作，是否確具能力？有所質詢，蕭勃乃就討論中參閱中國大地圖，手指沿海各地說明：「無論梅樂斯欲往何地，敵後工作人員均可派人護送，保證安全到達，完成任務。如果此言不虛，則一切合作計劃均可順利進行，否則一切作罷。」金氏上將見如此簡單明快，不禁起立歡呼，「祇此一言，大事已定。」於是梅樂斯乃根據會談結果，草擬「友誼合作計劃」，確定由美國提供技術（含人員）、器材、械彈，與我國情報機構合作，由我國提供人員，在中國沿海及被日寇攻佔地區，建立水雷爆破站、氣象報告站、情報偵察站、電訊情報偵譯站、及行動爆破站等各機構，並先運黃色炸藥、手榴彈、快槍、磁電水電機、各式無綫電機偵測機等器材往印度，以便轉運來華，運用該項計劃。隨奉美海軍部批准，提交蕭勃呈戴先生閱後，轉呈蔣委員長，數天後，委員長復電美國表示歡迎，並指定戴雨農先生負責合作，此乃中美特種技術合作之緣起。於是梅樂斯終於民國三十一年（公元一九四二年）四月五日，離美轉巴西印度來華，當時金氏上將交付梅樂斯之任務是「盡你所能，迅速建立一些基地，準備接應美海軍於三、四年之內，在中國沿海地方登陸，同時盡力協助海軍騷擾敵軍，此時梅樂斯已晉升中校，于五月三日飛抵重慶，戴先生命余為他安排在神仙洞豁廬，並派劉鎮芳譯英語。

翌日戴先生與梅氏會談後，梅樂斯以中美友誼合作計劃呈戴先生，提議在合作機構中成立一專負蒐集情報部門，自三十年後有關戰略資料，收買敵偽公報雜誌，及有關科學技術各種書刊，一一攝成照片寄往美國，交各經濟作戰機構研究，戴先生閱後，當予同意，決定在總務處內設一股以主其事，初由張東生同志主持，余則加以協助，美方亦派員來處工作。至三十二年四月一日，在美國華盛頓正式簽

字，戴先生於當年七月四日在重慶慶祝美國國慶時補簽。同年七月一日「中美特種技術合作所」，英文為（SINO-AMERICAN SPECIAL TECHNICAL COOPERATIVE ORGANIZATION）簡稱（SACO）中美所，在重慶龍隱鄉磁器口鍾家山正式成立，隸屬中美雙方最高統帥部，依照協定，中美兩國為摧毀共同敵人，求得軍事上之勝利，特設立中美所以完成此項任務，中國由蔣委員長派戴笠將軍為主任，美國由羅斯福總統派梅樂斯上校為副主任；其所負主要任務：（一）蒐集交換軍事情報及氣象情報，支援美國在太平洋作戰壓制敵軍；（二）運用各種手段，策應美軍在我國東南沿海登陸，會同國軍反攻敵軍；（三）展開對敵破壞及心戰工作，擾亂敵人，牽制敵人，強化我軍態勢；（四）設置無綫電臺，偵察日軍動向，及沿海內河佈雷情形等四項。按照協定原則，訓練方面，美方應負責協助訓練游擊武力、情報、氣象、爆破等技術及突擊組等。組織方面，應協助建成氣象站、電臺、偵測臺，以中國為主，美方僅派技術及教育人員，但需供給充份器材、械彈、裝備，中國方面，除供給人員外，還應負責運輸，供給中國境內基地設施，與我方情報機構合作，在中國沿海，及被日寇攻佔地區，秘密建立水雷爆破站，與氣象報告站、情報偵查站、電訊情報無綫電密碼偵譯站，及行動爆破等機構；運輸基地之設施，並作育人材，培植新生力量等。

同年四月間，戴先生蒞臨局本部巡視各處環境，即命余通知醫務所戴主任，及督察室喬主任，隨先生實地察看，至十一時許巡至大飯廳，發現飯桶外面黑點斑斑，當即責余為何不令伙伕加以洗刷，余答以每天至少洗刷四次，但因使用過久，斑點已成，實在無法刷去，確實不是髒，不料喬主任在先生面前報告說：今天郭處長確知先生要來視察，已有準備，但平時實在太髒，飯桌上灰塵積滿二、三寸亦不

管，余聞此種謊言，實是忍無可忍，即痛罵喬不根據事實報告，胡言亂語，故意中傷，如果確實積塵二、三寸，試問在飯桌上筷子放下絕對看不見，難道伙伕胆敢如此作為，同事豈無怨言之理？且督察是先生之耳目，平時專門監視督導，檢舉為非不法情事，由督察室主任根據內外勤秘密督察之報告，加以分析後轉呈先生，分別輕重議處，今日他不根據事實，膽敢捏造事實，誣報，實是不配為督察室主任，余以五期老大哥之資格教訓他，如果先生認為余之舉動不合情理，請加以處分。當時先生即對喬云：「郭斌所說確屬實情，實是你之不對，嗣後務須根據事實報告，以免冤枉同志。」事後喬羞報無顏面見人，即移住觀音岩旅社，亦不上班，次日先生詢余喬之情形，余即據實報告，當時奉諭：喬在旅社一切開支，不准報銷，並詢余何人較為適合繼任督察室主任，余面報以柯建安學長品學兼優，堪當此任。數日後，即命柯學長接充，喬即待命移住招待所，余平日嫉惡如仇，且勇於負責，故深得戴先生信任，難免遭人猜忌，然戴先生知我有素，且事實可證明一切，故奸妄之計不得酬，弄巧成拙，誠可引為殷鑒也。

同年五月間，戴先生出巡西北，局務由書記長周偉龍同志代理，因周過去在滬主持敵後工作時，享受窮奢極慾之惡習未除，囑余在海關巷住處為他佈置豪華房間，他認為余佈置太簡單，使他引致不滿，他以為在軍統局是一人之下，萬人之上書記長，為了享受，又囑余購置玻璃櫥、沙發等，余認為當此敵機不斷轟炸時期，且局中經濟困難，似不應如此浪費公帑，不料周以為余不服從命令，即轉由毛秘書告余，如再不遵辦，他即下令將余禁閉，毛囑余向周解說，余平日秉承戴先生指示，撙節開支，絕不浪費公帑，大公無私，因此余仍置之不理，亦不向周陳述理由，準備聽候處分，不久周以雖有車代步，但太陳舊，不夠氣派，要余將先生所用別克車交伊使用，余即告伊，先生

臨行時對余說：「別克車無論何人不准使用。」除非書記長給余手令則可遵辦，他即下令，余始命司機華永時將該車交周使用，並命華司機每天記載周之行動，分別詳註用途。不料周得此車後，每天携帶女人尋歡作樂，有時赴郊外行獵，將該車內部弄得髒亂不堪，不久先生公畢返渝，余即用此車往迎，先生目睹車內如此情形，即責余為何不換洗，余即出示周之手令，並報告周每天日夜用，無時間換洗，且華司機亦有周之行動記載，同時面呈先生閱後，詢及所註記號，華云打叉者是携女人玩樂，先生細察很少公出記號，已覺不滿，余再報周囑余佈置住處事實，余不予遵辦，若先生稍緩返渝，余則在禁閉中矣。先生聞訊，即囑余同赴海關巷察看，余為周佈置情形，先生認為尚屬得體，當即命周進見，並責周不是，同時命余另佈置一桌子，並裝一面鏡子，要周面對鏡子，仔細悔過！同時解除書記長職務，事後又詢余何人可充書記長，余答在周未充書記長前，由毛秘書代理職務，局中各處室負責人，常與毛秘書互相商洽處理公務，上下水乳交融，均能完滿達成任務。不久先生即命毛充任書記長，以上一節，可見戴先生為人處事，一切秉公，並可證明余對事不對人，威武不屈，唯正唯義之精神，故特摘錄之以訓勉後世子孫也。

　　同年夏，因財政部貨運管理局總務工作辦得不理想，戴先生以余自參加工作起，即主辦總務事宜，從雞鵝巷事務股，逐漸擴充總務科，以至總務處，先後十餘載，頗有經驗，遂調余至該局任簡任總務處處長，經數月之整頓，業已步上正軌。

　　斯時，盟軍在北非，及蘇境反攻，著著勝利，意大利無條件投降，大戰進入歐洲本部，同時太平洋盟軍亦不斷獲得勝利，同盟國為謀更密切團結與協同動作，以爭取最後勝利起見，於民三十二年（公元一九四三年）十一月，在埃及首府開羅，及伊朗國都德黑蘭分別舉行

中、美、英、和美、英、蘇首腦會議，戴先生命余隨校長往埃及參加
開羅會議，協助林主任（前兼任軍統局局長）護衛校長，於是年十一
月二十三開始，至二十六日結束。

蔣公與美國總統羅斯福，英國首相邱吉爾共商談三次，隨蔣公前
往者，除夫人外，有國防最高委員會秘書長王寵惠、軍事委員會辦公
廳主任商震、軍令部第二廳廳長楊宣誠、航空委員會主任周至柔、中
央黨部宣傳部長董顯光、侍從室主任林蔚，於十一月二十日晨七時乘
專機，經印度飛往埃及首都開羅，下榻米拿旅館。邱吉爾則乘軍艦於
同日晚到達，隨行者有參謀長布魯克上將、海軍參謀長肯寧漢元帥、
空軍參謀長波多爾上將等百餘人，邱氏女公子亦偕行。羅斯福總統乘
專機經大西洋，於二十一日始到達，隨行者有參謀總長馬歇爾上將、
陸軍航空隊總司令安諾德上將、北非盟軍總司令艾森豪威爾將軍。

三國領袖彼此會晤後，於二十三日即舉行會議，廣泛交換意見，
共同決定同盟國在亞洲之戰略與政略，並對於反攻日本聯合作戰計劃
重加檢討，決定全體一致的新方案，對於其他政治問題，亦充分交換
意見，及處置日本關於領土問題等。　蔣公在會議中曾堅持提出：「對
於日本以武力或貪慾所攫取之土地，如東北四省與臺灣、澎湖群島，
必須歸還中國。」經過多次辯論，三國領袖始獲得協議，及「三大盟
國將堅持進行其重大而長期之戰爭，以獲得日本之無條件投降。」羅、
邱都一致毫不猶豫予以通過。至於蔣公又提出：「三國應一致保證，
於戰後扶助朝鮮自由與獨立。」亦得到羅總統全力支持。

第三日專門討論特殊之太平洋問題，三國參謀首長乃舉行會議，
與會者有蒙巴頓、史迪威、李海、楊宣誠等。二十四日會議已有相當
決定，迄二十六日，蔣公、羅、邱三領袖，作最後一次長談後，會議

即完滿結束，三國共同宣言，正式發表聯合公報宣佈：「三大盟國（中、美、英）之宗旨，在剝奪日本自從民國三年（公元一九一四年）第一次世界大戰開始，在太平洋上所奪得或佔領之一切島嶼，在使日本所竊取於中華民國之領土，例如東北四省、臺灣、澎湖群島歸還中華民國。」決定「在相當時期使朝鮮自由與獨立。」更能實現國父扶助弱小民族之遺訓，此次會議決定了盟國對日作戰之共同戰略，使臺灣、澎湖重回祖國懷抱，獲得了盟國之保證，公報發表後，中外輿論無不贊揚，為中國外交史上空前大勝利。會議完滿達成後，蔣公偕夫人，與羅斯福總統，邱吉爾首相攝影留念，同時偕夫人遊覽舉世聞名之開羅金字塔古跡，至二十八日蔣公始乘專機返國，中途並在印度檢閱我駐印部隊，然後重返國門。

民三十三年甲申（公元一九四四年）中原會戰，美方加緊運送物資器材，包括新式武器、彈藥、爆破器材、各種科學儀器、電器機械、醫藥用品等，因此對於裝卸保管，必需具有科學常識及專門經驗，為顧慮安全起見，先請美方派員指導，協助我方，同時選調特訓班畢業學員一批，由美方施以各種機械常識及裝卸保管方法，短期訓練班結訓後，分發各倉庫工作，梅副主任為應付中原會戰，美方物資器材，必需運送前線，因感到目前負責主持總務人員不甚理想，為配合軍事進展，達成艱巨之供應補給，庶務、文書、醫藥等任務，即面商戴先生，請調換一位具有軍事學識、作戰經驗、並熟悉貴國全國地理，以及交通情形，兼有總務經驗與指揮計劃能力，能切實負責之人充任本所總務組組長之職，戴先生幾經考慮，乃命余接任中美所少將總務組組長之職，到差之日，戴先生親送余進見梅副主任，經介紹後，梅副主任即對余云：「（GENERAL）郭將軍，以後你之任務很重，望你好自為之等語」相勗勉，同時戴先生對余之指示：「吾人與美方人員

開羅會議完滿達成後蔣公偕夫人与羅斯福總統邱吉爾首相攝此相影留念

隨　領袖往埃及參加開

羅會議　計有國防最高委

員會王秘書長寵惠軍事委

會秘公廳主任商震軍令

部二廳廳長楊宣誠航委

會主任周至柔中央黨部

宣傳部長董顯光侍從

室主任林蔚等至今議完

滿達成後只有商主任震

林主任蔚參加攝影留念

相處，要改變舊作風，要守時、守信、守密、守分、守法，切勿收受美方贈品，無論何物，一絲不苟，涓滴歸公，使彼等認吾人清白家風，進而改變其對我國人之不良觀念，其次，無論公私事務，若與美方人員接洽，必須透過翻譯員通譯，不得任意逕洽，因此倘發生意外，可以歸咎譯員通譯錯誤，不特有伸縮性，且免惹起無須有之誤會，與糾紛等語。」因余職司總務組組長，每天必需與美方所派在總務組任副組長之鮑民上校（COPTAIN【CAPTAIN】GEORGE BOWMAN）面洽，余即本先生所指示之原則行事，使美方同仁對余之工作表現甚感滿意，甚至對國人之看法亦大為改觀，此乃戴先生指導有方，任人處事，體察入微，有以致之也。

不久囑余迅即計劃運輸工作，余即遵命草擬，先建立運輸系統，如由印度飛越駝峰，空運物資至昆明，美軍空軍終點站，昆明距重慶，和東南前綫尚有遙遠距離，必需將運來之物資，予以轉運，於是乃在昆明設運輸總站。並在所本部內成立聯合運輸科，由總務組長直接指揮調度，並擬調集中美所、軍事委員會調查統計局，以及軍事委員會運輸統制局監察處、財政部貨運管理局等各機關卡車八十餘輛，組成汽車隊，負責轉運；並於貴州之貴陽、金城江、衡陽、曲江等處，次第成立運輸站，於昆明、四川之瀘州、貴陽、湖南之衡陽、廣東之曲江五地建立倉庫。嗣以敵後行動游擊隊逐漸展開，運輸綫亦隨之延伸至前方各戰場，乃於四川之廣元，陝西之寶雞，福建之建陽、龍巖、長汀，浙江之遂安，安徽之休寧、徽州，陝西之淳化，西安牛東，浙江之開化，河南之陝壩等地，增建倉庫，重慶設置規模龐大之汽車修理所，貴陽、曲江、建陽、寶雞、洛陽等地，增設汽車修理簡單設備，運輸工具及站庫等設施。另外運輸路綫擬定建立幹綫兩條：一由昆明總站開始，先運至貴陽，再轉運貴州之獨山，改裝火車逕運衡陽。另

一路運瀘州，裝船轉運重慶。支綫方面，物資運抵衡陽，再分兩路：一路以火車運抵衡山，轉交汽車運南岳。一路亦用汽車逕運建陽，再轉雄村、淳安、遂安、青田，福建之華安，漳州，以及東南沿海各地。運送重慶物資，則汽車轉運寶雞，改由火車運咸陽、西安、洛陽，另用汽車轉運甘肅之蘭州、陝壩各地，將此計劃送呈戴先生核閱，彼認為可行，當蒙批示：「照所擬辦理。」余即迅速調派人員，分頭進行，展開運輸工作。

同年夏末，中美所美國盟友到渝已有數佰人之多，此時戴先生命余準備今晚宴會慶祝中美所正式成立，除邀請美國全部盟友外，中美所所屬職員、學生及軍統局、貨運局、監察處科長以上人員，總共八百餘人，大宴會，當時在造時場（原名繰絲廠），只有楊家山籃球場才能容納，遂即著手佈置，準備一切，同時報告先生佈置情形，當奉電話諭：「今晚宴會，是美國盟友第一次參加我國正式宴會，楊家山籃球場太不成體統，最好在鍾家山新餐廳舉行。」余答新餐廳房子雖蓋好，但是一座空屋，四週均係爛泥，而且在山頂無路可走，楊家山籃球場已佈置妥當，而且八百餘人桌椅、碗盆、傢俱等，由楊家山搬到鍾家山極不容易，但先生又云：「我已問過禎祥，房子已完成，牆壁已粉刷過，你可趕緊佈置起來，盡力做到，我六時半到新餐廳視察」，命令到此為止，余素知先生之脾氣，已決定之事，不可能變更。故我立刻請一珊兄派兩大隊學生，一大隊佈置餐廳四週通路及花園，一大隊搬傢俱瓷器廚房用具，及一切物品。

到六時半，先生即到餐廳察看，除花園及通路尚未完成外，但已能使用，雖非美奐美侖，然盟友絕對看不出是緊急佈置的，至七時正，中外賓客紛紛蒞止，余與一珊、禎祥兩兄，彼此會心微笑，總算可以交代，但賓客正在入席即將上菜時，忽見黃國賓氣急敗壞的來報

告，第一道菜，雞湯整個一口大鍋倒在地上，僅剩大半鍋，不過不要緊現已將所有開水倒入，又放了許多味精，味道雖差些，但因全體賓客正在寒暄應酬，精神興奮之時，或不注意口味，至先生因有鼻疾無法根治，嗅覺失靈，但先生處事如電，洞燭機先，料事如神，聲威懾人，絕對不可欺騙隱瞞不報；為了不影響情緒，故余延至次日面報，但先生未答覆雞湯事，而問昨日花園之花草及鋪路之小石子，是何處弄來？余答是在我們範圍內到處「借來」，花草昨晚已歸還，俾今晨露水可滋潤，免因「外借」而枯萎，繼問余動員多少人，余答兩大隊學生，先生即囑余支錢給學生加菜，先生又訓示曰：「無論何事，必須考慮效果，試想昨晚宴會，如在楊家山籃球場露天舉行，與在新餐廳相較，其效果相差何啻天壤。」余只唯唯稱是，以上提供各點，不足以表達余對先生之思念與欽仰之忱。

同年秋戰局逆轉，衡、桂、邕，相繼陷落，對運輸路綫不得不想法補救，乃在湖南之芷江新設一站，原由黔桂鐵路運輸，改向貴州省東之鎮遠入湖南西部芷江，轉運到別働軍營地，對東南一帶路綫，則改用飛機逕運至江西之贛州，與福建之長汀，再用汽車經朋口、永安、南平至建甌之中美班，及忠義救國軍營地。補給河南前線，原擬定運洛陽機場，後得情報，該機場不能使用，遂改用寶雞機場，再用火車運西安，轉隴海鐵路，其時軍運頻繁，隴海鐵路火車誤時失事，時有所聞，為避免貽誤事機，遂分別電告陝西之華陰，及河南之觀音堂兩地，本所負責人，經常準備車輛預備中途接運，又將此計劃請示戴先生，承蒙指示：原則照辦，但飛機需於拂曉前起飛，日出前到達，或午後三時起飛，薄暮降落，出敵不意，以避免中途被敵機截擊。

同年七月，梅副主任奉美國聯合參謀本部電，美軍擬於是年冬登陸，東南沿海應加強運輸，即將建陽總站擴大，增設汽車修理所。

又於安徽之淳山、建甌、江山、衢縣一帶設分站，在戰局變化無常，交通每遭破壞，運輸困難情況下，本所計劃週密，準備充分，對各戰區之軍運輸送，始終能積極適應，或作未雨綢繆，或予臨時應急；當時交通綫有如蛛網，前綫、後方、甚至敵後，均可息息相通，將物資源源運到目的地，使美軍及我方人員有充裕之物資供應，遂能安心作戰。回憶美國派員來中美所，慰勞美方工作人員，舉行慰勞大會，梅副主任在會後與戴先生談及，余之工作表現確實很好。翌日，戴先生囑余至曾家岩公館，勉勵一番，並發給特別獎金貳仟元。戴先生覺得，與美方共事，供給美方人員辦公室及宿舍等之建築物，亦不可太過簡陋，所以在物資奇缺之大後方，千辛萬苦，費盡心血，商得中央、中國、交通、農民等四銀行借貸款項，建築中美所所需要房屋，從不與局外人言，直至民三十四年乙酉（公元一九四五年）四月三日，領袖蒞臨檢閱中美所，及特警班時，戴先生深知領袖目睹中美所大規模建築，定能垂詢，當即囑余隨侍左右，並介紹美方高級人員謁見，至檢閱完畢，余則作為嚮導，奉陪領袖先參觀特警班騎巡隊、摩托車隊、警犬隊，及信鴿隊等，表演各種射擊技術，及各實驗室，然後陪至鍾家山所本部及所屬各單位，領袖在所本部居高臨下，目睹中美所雙方合作成績之優異，及遍佈五靈觀、造時場、鍾家山、楊家山、王家院子、松林坡一帶方圓數十里之地，新建大小數百幢之整齊美觀房屋，以及馬路之開闢等，極表嘉許！詢及經費來源，戴先生事前已料到，但先生不便啟齒，囑余將款項來源，詳為婉轉陳明，余即將戴先生為適應美方事實之需要，中美所正式成立不久，尚無確定預算，撥給經費，且戴先生在工作無優良表現前，不便請求增加經費，在一切為國家，一切聽命校長之前提下，欲達到抗戰勝利，革命成功之目的，除將軍事委員會調查統計局撥出一部份經費外，其餘大部份，則囑學生與中央、中國、交通、農民等四銀行，用軍事委員會調查統計局名譽，

商借而來，迄今尚無法償還。

經余一一詳報，領袖聞悉後，當蒙面諭：「雨農為國際觀瞻，為工作需要，此舉並無不妥，迅將你經手所用去之數目報呈。」領袖離去後，遂將開辦中美特種技術合作款項，會同會計組詳列報告，經戴先生核閱後繕妥，命余親送至曾家岩領袖辦公廳面呈，不久即蒙批，准撥給特別費還清四行借款，及軍統局撥款，由此足徵戴先生一向為領袖分勞、分憂，處處體念領袖之苦衷，非不得已時，絕不加重領袖之担憂，誠令人欽佩！！是日，戴先生往松林坡公館休息時，詢余今晚所準備宴請中美雙方人員酒菜，除決定學生在特警班大禮堂外，其餘中外人員，仍在鍾家山新餐廳舉行，總共兩仟餘人，以自備中菜西吃，入席後，戴先生即席致辭日：「余主張民主主義，不欲對美國朋友有所隱諱，亦不願美國朋友，因相信別人對軍統局及余個人之誣衊，而受騙，余非希姆萊，亦非蓋達，而是服從　蔣委員長，尊重國家法制，與三民主義民主法治精神之戴笠。」席畢，美方人員初嚐中菜，人人都感到滿意，向余致謝。

中美所自正式成立，以迄抗戰勝利結束，前後兩年多，美方派來參加中美所工作者，有梅樂斯准將，與貝樂利上校（I. F. BYLERLY）等海軍官佐五百零五人，技術人員及士兵一千七百八十一人。我方參與合作者，有軍統局之若干電訊單位，及沿海情報組織、鐵道破壞隊、忠義救國軍及別働軍等，活動範圍遍及西北，與黃河以南各省，及南洋各地，曾經訓練作戰部隊四萬九千一百八十人，工作人員一千三百二十八人，與敵人作戰一千八百七十七次之多，但雙方在戴先生與梅樂斯將軍領導之下，始終合作無間，充份顯示出最高辦事效率與最優異之工作成果，此完全憑藉著一種微妙之精神，「開明之合作精神」，在維繫鼓動。

　　中美所之首腦部門，所本部主任、副主任之下，初設人事、情報、作戰、氣象、偵譯、特警、通訊、會計、總務等九組，另設總辦公廳，主任秘書為幕僚長，由潘其武充任，人事組周廷洛、陳康、美方吉茲少校（JAMES GODGE），情報組謝力公、美方詹姆士少校（FOLYD JAMES），作戰組易煒、美方李斯德布魯琪曼少校（LESTER G. (GUS) BRUGGEMAN），氣象組程浚、貝耶萊少校（I. F. BEYERLY），偵譯組倪耐冰、

與約克霍爾威克中校（JACK S. HOLTWICK），特警組樂幹、蔣士敦中校（CHARLES S. JOHNSTON），通訊組程浚兼、美方勞爾魯濱遜少校（REUEL ROBINSON），會計組周浩良、總務組由本人主持，美方鮑民上校（GEORGE BOWMAN）為副組長。嗣後增設秘密行動組，由美方道少校（ARDEN DOW）負責研究，分析組陸遂初，美方溫斯上尉（WENS），心理作戰組吳利君，美方溫姆斯上尉（WIEMS），醫務組張祖芬，美方泰勒中校（GORD TAYLOE），編譯組劉鎮芳，總共十四組，由中美雙方派員負責主持。

戴山・撤出・終身職

第五章

DEATH OF DAI LI,
RETREAT FROM MAINLAND,
AND LIFE TENURE

　　本章內容主要以民國 34 年（1948）抗戰勝利後，郭斌歷經了戴笠座機失事、國共內戰乃至於 38 年（1949）攜眷來臺後的退休生活。

　　抗戰勝利後，戴笠認為國民政府要還都尚需時間，故先帶領了郭斌、沈維翰、何龍慶、黃加持、龔仙舫等人前往上海，決定要在上海先行設立軍統局的辦事處。民國 35 年（1946）3 月 17 日，戴笠在乘機視察的途中，因天候不佳撞山墜毀於南京附近的戴山【岱山】，郭斌回憶道：「蓋余自隨侍先生起，一向任副官兼辦總務，常與先生抬損，受其挨罵，亦不在乎！不比其他同志，只知逢迎，唯命是從，不敢向他申述理由也。」可見其與戴笠多年深厚之交情。38 年（1949）在確定政府要撤往臺灣後，隨即以送家眷返原籍安置為由請了三個月的事假，攜眷從廣州搭船來臺灣，開啟了在臺灣二十多年的生活。

　　有關本章郭斌撰寫之回憶錄大致內容，節略如下：

- 抗戰勝利後軍統局成立肅清漢奸案件處理委員會
- 回憶戴笠蒙難前後始末
- 奉命將張學良押往臺灣
- 郭斌入中央訓練團黨政訓練班受訓後出任寶雞警備司令部稽查處少將處長
- 民國三十八年蔣中正下野與李宗仁和談
- 郭斌攜眷自廣州乘船來臺
- 在臺灣向保密局報到後奉派為設計委員會少將設計委員
- 民國 43 年（1954）奉准退役
- 退役後參與中央廣播電臺的「國民革命」心戰節目

The timeline of this chapter begins with the victory of the Anti-Japanese War in August 1945. The next year, General Kuo suffered the loss of Dai Li, in an air crash, then the Chinese Civil War started (1946-1950). He then brought families to Taiwan when the Communists came to power in 1949. General Kuo spent his retirement in Taiwan for more than two decades.

Dai Li planned to set up a Juntong branch in Shanghai before the National Government returned its capital to Nanjing, so he went to Shanghai with General Kuo and other senior cadres. On March 17, 1946, Dai Li took a flight from Qingdao to Nanjing for inspection, but the plane crashed in the suburbs of Nanjing due to poor weather conditions. General Kuo was devastated after learning of Dai's death, and regretted not stressing enough the dangers of flying that day. He recalled: "Since I worked with Mr. Dai, I have been his adjutant and director of general affairs, and I often argue with him. As long as I think I am right, I don't care even if I am blamed by him! I am different from other comrades, they only know how to please him, at his beck and call, and dare not argue with him." This passage shows the strong connection between General Kuo and Dai Li.

In early 1949, General Kuo served as the director of the Adjutant's Office of the First Army Corps. In May, when he learned that the commander of the Corps, Chen Mingren, seemed ready to defect to the Communist Party, General Kuo was determined to leave the mainland. General Kuo took three months' personal leave on the pretext of sending his family back to his hometown, and brought his dependents on board from Guangzhou to Taiwan. From this time on, General Kuo began the second half of his life in Taiwan ending in March, 1973.

Key content topics and events included in this chapter:

- After the victory of the Anti-Japanese War, the *Juntong* established a committee to deal with cases of eradicating *Hanjian* (traitors or collaborators).
- Recalling the death of Dai Li and events leading to it.

- General Kuo was ordered to escort Zhang Xueliang on the plane (who helped plan and lead the 1936 Xi'an Incident) from Chongqing to Beitou, Taiwan.

- General Kuo attended the Party and Government Training Class of the Central Training Corps and then served as Major General Director of the Inspection Division of Baoji Garrison Command.

- In January 1949, Chiang Kai-shek stepped down from the presidency. The Vice-President Li Zongren became Acting President, and held peace talks with the Communists.

- General Kuo brought his family on board from Guangzhou to Taiwan.

- After reporting to the Counterintelligence Bureau in Taiwan, General Kuo was appointed as a major general design member of the Design Committee.

- In 1954, General Kuo was allowed to retire from the Counterintelligence Bureau.

- General Kuo recorded a radio program on the Central Broadcasting System (now Radio Taiwan International).

　　同年【一九四五】八月十日，日寇宣佈向我及盟軍無條件投降，戴先生因中央還都尚需時日，而上海為東南沿海之重心，乃決定在上海設立辦事處，全權處理軍統局及中美所各項業務，於同年九月十一日，遂命沈維翰、何龍慶、黃加持、龔仙舫諸同志及余，隨先生乘專機飛滬。抵步後，先生即下榻唐生明先生公館，同時命余迅即覓妥房屋佈置辦公處所，經與杜月笙先生商洽，將杜美路七十號租給軍統局作為辦事處，當時杜先生願意借給軍統局，並即命其管家范墨林先生，將辦事處所需要房間及傢俱等，盡量借給，不敷之辦公桌椅及廚房用具，由余添購。翌日，即開始辦公，並派龔仙舫為辦事處主任，李崇詩為參謀長，尚望為參謀，余為總務組組長，徐鍾奇為看守所所長，當時戴先生奉命統一辦理全國肅清漢奸工作，明是非、別邪正、樹紀綱，責任極為艱鉅！

　　為達成此項主要之任務，便利進行此項之工作，在軍統局成立肅清漢奸案件處理委員會，因主任委員要熟悉法律者，即派沈維翰同志充任。除辦事處組長以上人員為委員外，另指派軍統局資深高級人員為肅奸委員會委員，主持其事，負責妥慎處理，戴先生仍親加督導，余除辦理總務外，並負責保管逆產，如鑽戒、翠玉、首飾、書畫、古玩等珍貴物品，為鑑別其真偽，囑余聘請珠寶古玩專家兩人，分別鑑定後，連同經手繳交人四人，會同簽名蓋章固封，並註明價值，均以黃金計算，以杜流弊，候肅奸工作完成後，囑余將所保管之逆產，均移交行政院所設之敵偽產業處理局處理。戴先生常告誡余曰：「肅奸工作責任重大，舉世矚目，吾人應持清白家風！」余聆斯言，戰戰兢兢，幸能完滿達成使命，而無隕越，此亦足慰生平耳。自上海辦事處成立後，對肅奸工作，不分晝夜，照常進行，並規定內外勤，高級幹部每天到辦事處參加午餐，餐後即舉行會報。

　　有一次內外勤三十餘位高級同志早已到齊，余所準備之飯菜亦安排妥當，但戴先生至十一時五十分未見蒞臨，余恐菜冷飯冷，即用電話催請，據公館隨從人員復告，先生正在準備洗澡，余思洗澡最快亦需二三十分鐘，使各同志坐著，面對馨香撲鼻之大魚大肉、山珍海味，在抗戰時期大後方是無法嚐到，且時已中午，余相信大家的肚腸兩家早已開始打官司，希望馬上果腹，但遍遇先生不按時駕臨，使各位實在等得不耐煩，再用電話催請。據云，正在洗澡中，余即在辦公室稍坐片刻後，步入會議室，除向各同志報告上情外，並云已到聚餐時間，還洗什麼澡？害各位久等，弄得菜飯均冷，實在不好意思，請各位原諒！戴先生如果不來就說不來，要來就應該按時來等語，不料戴先生洗澡如此迅速，早已在余對面坐定，等余說完，他即謂：「郭斌、郭斌：你真是個老百姓。」當時在座各同志真為余担憂，會議畢，先生離去，各同志即詢余為什麼不看清楚，即胡說八道，難怪戴先生常要砍你的頭？余答：『余素知戴先生有開闊胸襟，寬宏仁厚大度包容，惟其寬大，故能寬人、諒人，惟其包容，故能容人，容納與自己不相同之意見。且有高度之容忍，能接受人家批評之雅量，縱然不願聽的話，他亦要聽，尤其能虛心接受人家意見，寬以容人，為一般人所做不到的，故一笑置之若無其事，再先生治事精神，可效而不可及，終身以主義是從，以領袖意旨為意旨，亦即領袖所訓示「苦幹」、「硬幹」、「快幹」、「樂幹」，永遠堅定革命立場，不妥協、不苟且、不敷衍、不驕飾、不畏難，所以他能為人所不敢為，為人所不願為，為人所不能為，他為的不在升官，不是自私自利，是領袖至上，國家至上，民族至上，除國家外，沒有個人事業，除領袖訓示外，沒有個人政治主張，要大家任勞、任怨、苦幹、苦守，吃人家所不能吃之苦，忍人家所不能忍之氣，做人家所不願做之事，冒人家所不敢冒之險，對革命工作，雖赴湯蹈火，摩頂放踵，肝胆塗地，絕不容辭！！！上

不虧於職守與赤誠報國，平時視同志如手足，人不分遠近親疏，過不究既往，嚴明公正，對工作幹部必須之生活與活動費用，皆予充份供應，平時各安其位，心無怨尤，工作時心甘意願的執行任務，不虧於同志，對同志遺族使「孤寡得所，幼有所長，壯有所用，老有所終」，為標矢。切實做到教養無虧，而不虧於死者，因能做到無虧，故生者無怨，死者無憾。

余追隨左右十餘載，目睹先生自早至晚處理公務，接待賓客，主持會議，雖至深夜，非待事竟，絕不肯稍休！由於先生之精力過人，不眠不休，習以為常，次日又工作如故，可以說先生字典中無「難」字誠可為現代青年效法也。』民三十五年丙戌（公元一九四六年）三月九日晚戴先生蒞臨杜美路七十號辦事處，詢余北平派何人辦理總務，余答擬派王凡石同志，當時戴先生不同意，余即再報告，由余隨同飛往北平，明瞭實際情形後，再決定選派人員，先生則云：「你在滬責任重大，不能離開，候余到北平後再決定。」

翌日，先生即偕同龔仙舫、馬佩衡（翻譯官）、周在鴻（譯電員）、徐副官燊、曹紀華、何起義兩衛士、金玉波等七人飛往北平，轉天津、青島等地視察並指示，至同月十七日，仍偕隨員七人，於是日上午十時四十五分，乘航委會所派專機Ｃ四七一二二二號機，由馮俊忠、張遠仁、熊沖三位飛行員輪流駕駛，通訊員李齊、機工長李開慈等，由青島起飛赴京、滬轉渝，準備參加警察會議，行前因據報：京滬氣候惡劣，候氣候轉佳時再飛，但先生不同意，仍決定起飛，如上海氣候不佳，改在南京降落，如南京亦因氣候不佳無法降落，即逕飛重慶，故帶有汽油八百加侖，以備直飛渝之用，該機於是日十三時零六分到達南京上空，電告南京航委會電臺，謂已到達南京上空，與上海聯絡不上，氣候惡劣，不能下降，擬折回青島，稍頃復電告北平，謂已到

達南京上空，氣候太壞，旋又電稱，現穿雲下降，時在十三時十三分，此後即再無消息，下落不明，電訊亦告中斷。當時由航委會，及中航公司，與美海軍方面，分別派機沿途搜索，均未發現。至二十日下午，由美空軍機，在南京板橋鎮附近二十華里之山上發現該機殘骸，軍統局駐京人員聞訊，馳赴該山，見機身已全部燒毀，僅餘機尾，遺屍十三具，均模糊難辨！但尋到龔仙舫圖章一枚，戴先生及其隨員所佩手槍四支，及先生日常所用之物等，嗣後經余及李人士同志等研認，根據齒牙特徵，及所佩手槍，將先生及隨員七人遺體，辨認明確，運回南京城內，於二十二日上午九時分別入殮！其餘飛行員馮俊忠、張遠仁等之遺骸，由航委會運回殮葬，據目擊該機墜地之農民談稱：該機所碰之山名為戴山【岱山】，該機飛行甚低，碰及高約三丈高之大樹，遺落一螺旋槳，即連續擦過三個山坡，復碰落一螺旋槳，隨即初碰山腳，再碰山腰，發生巨響，立即燃燒，至晚始熄，嗚呼！痛哉！！領袖失其臂助！同志失其領導！國家民族失其長城！！舉世哀號！何痛孰甚！！

回憶此次遭此不幸，如果當時准余隨其前往，則余敢向戴先生進言，勸其既天氣不佳，何必冒此危險，請其候氣候轉佳再行飛往京滬，萬一氣候不能轉好，必須趕往重慶參加警察會議，可直接飛渝，請其為國珍重，或可能採納愚見，避免不幸！！！蓋余自隨侍先生起，一向任副官兼辦總務，常與先生抬摃，受其挨罵，亦不在乎！不比其他同志，只知逢迎，唯命是從，不敢向他申述理由也。

自戴先生蒙難後，領袖命鄭介民先生接長軍統局，派余飛渝接替張毅夫先生負責主持之復原工作，於同年十二月一日，向中國航空公司洽妥專機，於次日晨拂曉前在重慶白士驛機場，將張學良空運臺灣，並電臺灣軍統局人員按時往迎，即送往早已準備妥之北投招待

所。余於復原工作辦竣後，於民三十六年丁亥（公元一九四七年）三月，奉命入中央訓練團黨政訓練班三十期受訓一個月，畢業後，調國防部部員，同年七月，出任寶雞警備司令部稽查處少將處長，此時共匪全面叛亂，西北戡亂戰爭轉趨激烈，對治安之貢獻堪足一述者：

（一）為整肅貪污，挽回賄賂風氣，查寶雞為川甘交通之要道，大烟走私盛行，居民吸毒者視為平常，余初臨斯地，即決心予以肅清，嚴令所屬諜報隊極力查緝；未幾截獲烟土十數斤，犯者為當地有名之土豪在寶雞一帶深具潛力，過去之治安機關主事者，投鼠忌器，明知其為大烟私梟，未敢逮捕，余到任未久，即密予注意，故該土豪被捕後，寶雞各界為之震動！被捕當晚，土豪之親友，即轉輾向諜報隊郝隊長活動，以國幣拾萬元為賄賂，要余從輕發落，余佯為答應，當其賄款送達時，即將郝隊長扣押偵訊，連同賄款送呈警備司令官劉進嚴辦！翌日，寶雞各報地方版以頭條新聞報導，並在短評欄予以讚揚，一時寶雞整個社會為之闐動！咸謂官員拒絕賄賂，在寶雞為空前之舉，本案結束，犯者由法院依法判徒刑，郝隊長則予以撤職；從此稽查處聲譽日隆，貪污之風稍戢！而其他販毒者，先後逃離寶雞，改邪歸正。至三十七年四月，奉國民政府主席蔣公以余著有成績今依陸海空軍獎勵規定，給予陸海空軍甲種一等獎章一座。

（二）為整飭軍風紀，維持社會秩序，時有國軍某工兵營，自前綫撤回寶雞療傷整訓，部份官兵，抱前綫與匪作殊死戰幸而不死，回到後方應盡情玩樂之觀念，乃日夜浸迷於妓院及各娛樂場所，騷擾滋事，不一而足，致軍風紀蕩然無存，社會不安，輿論譁然！對國軍之威信影響甚巨，警備司令官劉進，至感棘手，初令該營營長嚴加官束，亦無結果，乃命余負責處理，余乃組織軍風紀糾察隊，巡邏於各公共場所，詎料該營官兵亦組織巡邏隊對抗，一時針鋒相對，武裝衝突一

觸即發！余憂心如焚，乃與該營營長協議，召集全營官兵講話，告以前方殺敵，為黨國犧牲受傷，是無上光榮，理應好好保持此種榮譽，後方安民，同為軍人之天職，及軍風紀之重要性，最後余則脫去上衣，將多處受傷傷痕，證明余亦是榮民之一，目前余以未能負起治安之責任，確實愧對領袖！乃當眾跪在國父與今日之總統蔣公肖像前自責，全營官兵為之感動，亦相繼跪下！約十五分鐘，該營營長率領全營官兵誓言，改正過去錯誤行為，協同維持社會秩序，國軍之威信得以維持，此事以說服方式化解，消弭禍患於無形，極得劉司令官之嘉許。

（三）為解決西北高級職業學校之學潮，該校位於距寶雞十華里之益門鎮，學生七八百人，大部份為抗戰時之流亡青年男女，勝利後，教育部決定停辦，遣散學生，當時派督學專員各一人來寶雞負責處理，不料該校學生自治會堅決反對，督學專員束手無策，乃商請縣政府協助解決，幾度商談均無結果，而該校校長教職員，又陸續離校他去，全校行政操在學生自治會之手，該會為抗拒遣散，組織糾察隊，在校門設立崗位，控制同學行動，最後竟乘督學專員到校之時，將其軟禁於校內，事態嚴重，初由劉司令官親往處理，並擬將督學專員帶回寶雞，亦未得結果，返部後，與余磋商，命余出面負責處理，受命之初，確無把握，且當時共匪到處製造學潮，處理稍一不慎，極易招致攻擊！余對該校之處理，如履薄冰，先與處內二三位高級職員策劃，決定首先救督學與專員後，再遣散學生，商妥後，偕本處陳督察長、鄭諜報隊隊長，及隊員一行五人，兩隊員則埋伏校外，該校校長室最低圍牆外，余與陳、鄭三人入校，先與督學、專員晤談，暗中告伊候余吹集合號，全校學生以為自治會召集集合，無人看守時，即往校長室後方矮牆處扒牆逃出，隨同余所派之守候人員，護送同往寶雞，轉赴西安，語畢，余即對自治會同學說明來校原因，請集合同學

當眾宣告，詎料自治會竟置之不理，余乃命督察長吹集合號，全校學生聞號音不知就裡，紛紛集合於大操場，連門首站崗學生亦來參加，余乃先點名後講話，勸告遵守教育部命令安排，並准已畢業同學離校，欲繼續求學者由余負責送武功商職插班，無意繼續求學者，可代謀工作，或酌發旅費回鄉。

當余演講之時，鄭隊長已安排計劃，密赴督學、專員住處察看，是否已離去，及至講話完畢，並令每班推選可負全責之代表一人，明日來本處再行詳細商談。解散後，余與陳、鄭三人仍往督學專員處佯為向他們辭行，此時余發覺督學專員不知去向，即囑同學趕緊找尋，並將找尋結果隨時報知；營救督學、專員計劃既成功，第二步即開始進行分化工作，據調查，把持自治會與政府作難者，僅少數人，大多數學生，只要政府能予適當處理，均願遵照部令遣散，基此理由，乃秘密策動學生，著其個別離校，先由三五學生開始，繼之數十人以至百餘人，學生自治會目睹現狀，深知無法繼續控制，乃派代表與余談判，男女代表十八人，在第一次談判之後，由陳、鄭二人先對各代表進行說服，使其意見分歧，鬥志消失！當第二次談判時，再由余詳為說明利害，終於接受遣散，三日內將七八百位學生，或升學、或保送青年軍、或還鄉、或繼續往武功求學，處理完畢，此一棘手學潮，得能在和平氣氛下完滿結束！

事後，余得教育部專函致謝，並由劉司令官報請上峰奉西安綏靖公署主任胡傳令嘉獎。民三十七年戊子（公元一九四八年），以國防部少將部員，奉調武漢警備總司令部副官處少將處長，即往南京鼓樓陳公館晉見陳明仁將軍，奉諭著余一人先往漢口，以兩天時間為限，接收警備總司令部全部業務，到達後，始知該機構組織大，事務繁，一人接收，確實困難；陳司令畀余此種艱鉅任務，諒係有意試余之幹

才，故努力以赴，白天接收，夜間整理移交清冊，結果依限完成使命，在未接收前一日，即據在該部工作之學生密告，有未曾列入移交清冊左輪手槍、四五曲尺各四支附彈藥，因此余拜訪劉司令官說明來意，並詢明是否準備全部移交清冊，他答早已備妥。因時間有限，且恐其將未列報之槍彈取出，當即請求馬上派員會同移交，當蒙允准，並告知余在倉庫等候，遂先點收武器彈藥，及總務部門，結果，確實發現未列入移交上項槍彈，但移交人員則云，某某等人暫時寄存該處，余即告伊，不論何人寄存，候全部移交完畢，寄存人可憑寄存收據向余具領，但必需將槍枝號碼及彈藥數量詳告，再憑持有人槍照，經余檢明，如果相符，當即發還，否則是冒領，應受軍法處分。結果無人具領，全部接收完畢後，遂將此事面報劉司令，彼亦不便向余啟齒，即請其令移交人員會同補列，接收事畢，電請陳司令來漢視事。

同年秋，反共戡亂軍事逆轉，以李宗仁副總統為首之主和派，要求領袖辭職，並與「共匪」商談和平解決國事，此種愚昧政治活動，與日俱增！至是年年底李逆等認為領袖不下野，共匪將不肯和談，領袖不下野，美援亦無望等等謊謬言論，除政治活動外，另有一種公然威脅，謂領袖如再堅持，將採取軍事措施，彼將退出武漢，讓長江一綫開放予共匪，領袖最後決定：「只要和平真正能實現，則個人進退出處榮辱絕對不計較，蔣公為拯救全國同胞，保留國家元氣，略以蔣中正在此二十年中，無時不期待共黨以國家民族為重，循政黨政治之常軌，共謀和平相處之道，以樹立民主宏規，三年來，政治協商會之目的，亦在乎此，今日時局，為和為戰，人民為禍為福，其關鍵不在政府，亦非同胞，對國家能否轉危為安，人民能否轉禍為福，全在於共黨謀國有誠否？一念之間耳！共黨如有和平誠意，政府至願開誠相見，只要無害於國家人民與憲法，即可商討停戰，如共黨始終堅持武

裝叛亂到底，則政府亦唯有盡其救國救民之職責，自不能不與共黨週旋到底！！……於是，三十八年己丑（公元一九四九年）一月二十一日，蔣公表示個人志節，決然自行引退，其文告中言及，為求達到和平目的，免生靈之塗炭，決定身先引退，以冀消弭戰禍，解人民倒懸於萬一！！……」泰然離開首都南京，回到原籍溪口，開始埋頭研究革命失敗原因，規劃救國救民復興大計。

當時美、蘇兩國，咸盼本黨國民革命失敗，使之一筆勾銷，蘇俄固然急切希望利用其兒子黨毛賊的血手控制大陸，以為毛賊「一面倒」之後，整個大陸即可歸其掌握；而美國政府天真，亦以為縱容毛賊攫獲大陸政權，亞洲即得以相安無事，美國乃就可以去賊關門高枕無憂；由此兩種逆流交相構煽，加以國內無恥叛徒，不惜為虎作悵，捏造謠諑，助桀為虐！致使一般人心，誤信以蔣公不去，則美援不來，蔣公在位，則和談無望為真，旦夕間幾將曩昔所奉為抗戰救國之領袖者，竟視為國家民族之罪人。此時蔣公如果還不毅然引退，豈不更使國人懷疑蔣公戀棧自私，豈不將更加招致國際橫逆侮辱，而共匪出賣國家民族之勾當，將不易為全國人民所徹底瞭解，共匪之顛覆侵略野心，亦不能為國際洞察其奸！所以 蔣公為革命前途計，為國家命脈計，最後抉擇引退！讓時間與事實來考驗吾人革命之真諦，以及反共國策是正確，並證明國際間對華政策貽害亞洲及全世界之禍源！！當然，蘇俄料想不到共匪會反噬其主子，如此之速，而美國亦萬想不到，共匪會公然以其為第一號敵人！這種一百八十度之轉變，乃是蘇俄和美國各由自取應得之教訓，但蔣公顧及者，唯我中華民族欲於狂瀾已倒中起亡振衰而已耳，乃毅然引退，或者可以喚醒全民已死之人心，激起國際間有識之士正義之申張，亦未可知，為國家民族之命運計，舍此之外，別無其他途徑可循，處此情形，不勝感慨！

　　有一日余以軍校同學身份坦誠面報陳總司令謂：校長蔣公已下野應速派專人赴溪口請示機宜，但他早已有異志，且地方色彩濃厚，再朝夕與湖南省主席程潛在一起，蓄意投靠毛匪，已存觀望態度，經余再三催促，數日後，始派政工處處長吳相和前往晉見，至同年二月十五日，陳總司令調任第一兵團司令，兼二十九軍軍長，命余將警備總司令部移交完畢後，余亦隨任該兵團副官處少將處長，主管人事、機要、總務等業務。該兵團部設在漢口南山路，兵團部編制除司令官外，有副總司令、參謀長、屬下秘書室，另有八處及特務營、輸送營、衛生處等，除余一人係正式處長外，餘均由陳總司令手令，調其基本部隊二十九軍校官代理，二月二十八日，命余報呈宣告成立完畢，余為避免冒虛報之責計，即坦告司令官，若上峰派員點名，二十九軍調來兵團部兩營士兵及一部份校尉官缺額如何應付？渠云：候兵團部點畢，速命返回原部候點，再為大局計，余言兵團部各處主管虛有其名，人事不健全，業務無法推動，一旦奉命作戰，恐無以善其後！渠復云：如邱清泉、李彌兩兵團，素稱精練之師，已不能與匪周旋，何況其他？目前籌備部份款項為第一要務，必要時，先將大家家眷送往湘西，至不可收拾時，吾輩上山打游擊，真象已白！余請其親書手令，以憑呈報，免惹是非，後來在檔案中得悉，已由秘書室答報，彼即往長沙，兵團部副總司令劉進及參謀長雖已發表命令，但未見前來就職，一切事務，均交余一人處理。

　　兼月後，奉命開往長沙岳麓山一帶整訓，兵團部設在距長沙七八華里地之陳家祠，陳總司令仍然居長沙，置兵團事而不問，如余有不能解決之重要公文，囑余每天送其批閱，後來得知共匪於同年四月十九日提出所謂：「和平苛刻條件」，將全部責任諉諸中國國民黨，勾銷中國國民黨六十年光榮之歷史，充份暴露共匪併吞全國，和奴役

全民之野心！何行政院長應欽，斷然予以拒絕，宣佈繼續戡亂，總統
蔣公乃以中國國民黨總裁身份，發表告全國同胞書，重申繼續反共抗
俄之決心，此舉實挽已倒之狂瀾，維持我中斷之法統。

　　余又詢問陳總司令，政府既已重申反共抗俄之決心，總司令有
何種計劃，但渠毫無反應，其心事沉重，終日與程潛為伍，陳已意及
程之副總統落選後，對中央不滿，離心堪虞！而陳與程之默契可想而
知，余根據陳數月來之言行均異，心存觀望，似有蓄意變節，靦顏事
敵，除將上情面告保密局在長沙主持工作之張毅夫同志，並請其轉報
局本部指示余之行止，當時蔣公身雖在野，惟仍宵肝夜勤，往來督導
於舟山、上海、廣州、廈門、重慶、成都間，……未有一時一刻放棄
其對國家、對軍民、對本黨所負之革命責任，當蔣公在位時，從未有
放棄其固守南京之準備，並自信其在軍事上有轉敗為勝之決心，否
則，寧願為國犧牲，與中山陵共存亡，以盡我革命後死者之職責，亦
心安理得！此種浩然之氣，固足淬勵黨員個人志節，為創造光輝燦爛
之革命歷史！但對國家前途，為民族命脈之延續，殊有斟酌之必要。

　　當時黨內少數份子動搖，民心士氣渙散，內憂外患，局勢非一時
所能挽回，慷慨犧牲無補於事，反使國家淪落萬劫不復之地！故決定
忍辱負重，俟機中興，光復河山，較為上策，因此必需選擇使敵不得
進，而我可守之復興基地，由守轉而攻敵，西南五省與東南七省皆非
其所，而臺、澎、金馬與大陸一水之隔，正完全符合中興光復條件之
乾淨土；足徵蔣公深謀遠慮，權衡得失，煞費苦心！假使當時我們堅
持於大陸東南半壁，或西南一隅，與匪對峙，則三民主義之建設，勢
必落空，整軍經武無法辦理，安有此二十年養精蓄銳，等待反攻之機
會，所以要決計撤出大陸。

　　余得知上情後，先以送家眷返原籍安置妥當後，當再返部繼續追隨左右，使余無後顧之憂，安心工作之理由，呈請，始獲准事假三個月，於是攜眷離長沙，到廣州，候船來臺。至同年五月十八日，始抵高雄，休息一夜，翌日乘火車北上，先寄居友人家，經數日即覓妥杭州南路二段三十四巷住家，並向保密局報到。至同年八月，奉派為該局設計委員會少將設計委員。至民四十一年壬辰（公元一九五二年）年度政績，奉參謀總長周至柔核定余「勤勞刻苦、出言率直、做事負責、身體強健，績分七十八分。」民四十二年癸巳（公元一九五三），核定余「忠實勇敢、克苦耐勞、負責守法，績分七十八分。」同年，余請求報請國防部准予志願假退役，先後三上呈，至民四十三年甲午（公元一九五四年）三月一日，始行奉准，並由行政院國軍退除役官兵輔導委員會，輔導至臺灣省政府交通處公路局任顧問，以簡任四級支領薪津。

　　當時保密局局長張炎元，以為余既已奉准假退役，專案報呈總統，准余脫離保密局關係，後奉總統批示：「凡參加保密局工作同志，是終身職務，礙難照准，可改為聘任設計委員，參加研究敵後工作。」迄至於茲。自四十三年由輔導會輔導至公路局任顧問，至民四十六年丁酉（公元一九五七年），始接到公路局譚局長嶽泉發給「路人字第一一一三五七號聘書」，以迄至今。

　　余自參加東征起，至目前為止，可說毫無建樹，乏善可陳。總言之，余自束髮從軍，垂十餘年，在胡宗南將軍處，蒙其誘掖拔擢，青睞有加，轉戰中原，追奔逐北，均係參加有限度，有前後方，陣綫分明之戰爭；此種軍旅生活，勝則生，敗則死，毫無牽掛，較易應付；而到戴雨農先生處，受其薰陶，參加特種工作，有時侵入敵後，化後方為前方，除奸殲惡，遍及各社會階層，潛伏虎口，偵察敵情，無陣

奉准假退設告別同仁感賦

服務軍門十二年，推誠相與仰群賢。
匡旹肯志師先哲，經濟無才愧俸錢。
人事古來多變化，北去由此自適然。
今朝且唱陽關曲，明日唯感寂寞天。
投筆從戎四十煉，深慚磨劍學封候。
曾勞汗馬經千里，獨痛胡塵遍九州。
幸喜元戎攀大纛，必能海峽送捄舟。
風雲變幻眈將近，會看凶氛次第收。

假退役後感賦

驤馬加鞭奔異鄉反攻基地立

細常蓬瀛爭踪星霜暫窎島留

踪日月長朝夕不忘親命在晨

昏謹荏祖宗香願祈積德天能

佑保我兒孫立代昌

綫，無界限之撲鬥，不分空間與時間，皆有生命之危，苟不機警，差一著而影嚮全局，犧牲一己亦無代價，此種生活，實難週旋！但余能絕對服從命令，按步就班，此乃余粗中有細之功，臨事不苟，剛毅無私，又能時加警惕，勉勵自己，經東征、北伐、抗日、剿匪，東奔西走，歷無數次革命戰役，苟延殘生，愧對先烈！一生奮鬥過程中，雖有可歌可泣之處，實如滄海一粟，微不足道！

自從二十二年參加雨農先生工作以來，觀其踐履篤實，躬身力行，不論艱鉅環境，無分晝夜，無星期，亦無例假，一年三百六十五天，除每週有家眷者，准外宿一夜外，不眠不休，淬礪奮發，天天在工作，時時在服務；其最高原則，非要秉承領袖意志，體念領袖苦心！只許審靜忍耐，偉大堅強，苦幹、苦守、任勞、任怨、安危成敗，生死榮辱，在所不計！惟求對得起領袖，對得起黨國而外，無個人之事業，作革命之工具，領袖之耳目，渠反對辦銓敘，慕高名，所以未顧及銓敘，自己仍以少將職終，故每逢有授勳、升級之機會，均不准屬下申報，意為人人若注重官階，勳章為榮，則革命事業與目的，即消滅於無形之中，甚至一股幹勁，亦因之而鬆洩！致余在戴先生屬下工作，亦不明階級，不解獎勳，及至三十三年秋，調任中美特種技術合作所總務組組長任內，美方負責人梅副主任樂斯，認為余工作努力，計劃週詳，調度得當，且有特殊表現，面請戴先生加以獎勵，乃於三十四年十二月一日，奉國民政府主席蔣公以余為中美合作所總務組長，忠誠勤敏，卓著勳勞，特頒忠勤勳章，以昭懋賞。三十六年九月二十五日，又奉國民政府主席蔣公，以余為軍統局中美特種技術合作所總務組少將組長，具有陸、海、空軍勳賞條例第六條之勳績，給予四等雲麾勳章一座，其餘余在部隊服務時，先後所頒之勳章、獎章，因轉戰各地，證件及勳獎章遺失，無法詳述。延至四十三年辦理公務

人員儲備登記，核定余普通行政人員簡任職試用，除其基本年資外，積餘簡任年資為普通行政四年，警察行政除基本年資外，積餘簡任年資為警察行政八年，並由銓敘部發給公務人員儲備登記證書簡登字第零零三零六號。

除上述戎馬倥傯外，略述參加黨務工作。從民國八年己未（公元一九一九年），在廈門秘密加入中華革命黨開始，參加秘密活動，民十四年乙丑（公元一九二五年），參加東征之役，負傷致黨證遺失，至民十五年丙寅（公元一九二六年），考入黃埔陸軍軍官學校入伍生受訓時，蒙張連長慎階介紹重新入黨，軍校畢業後，在部隊服務，歷任小組長，及陸軍第一師第五團團黨部執行委員。在軍事委員會調查統計局時，先後歷任小組長。

三十八年來臺歸隊後，在特種黨部歷任小組長，四十三年任特種第一黨部直屬第一區分部第一小組小組長，是年工作競賽，奉本黨特種第一黨部第三支黨部頒發熙證字第柒號獎狀：「查第一小組同志，四十三年度小組工作競賽，經本部核定為優勝小組第三名，特發給獎狀。」同年度本黨優秀黨員選拔時，奉核發（43）組特優字第零零三一一號選拔證本人為優秀黨員。民四十四年乙未（公元一九五五）年起，至四十六年丁酉（公元一九五七）年止，當選為特種第一黨部，第三支黨部，第一區分部，第七、第八、第九、第十、第十一、第十二等屆，除第十一屆為候補委員外，其餘五屆，均當選為委員會委員。民四十五年丙申（公元一九五六）年，奉國防部頒發證字第一一七六五二號戰士授田憑據一枚，其內容述明：「凡領得此項授田憑據之戰士，均在反共復國戰爭中，立下偉大功勳和勞績，戰士受【授】田，乃政府及全國國民對有功戰士崇敬之表示。」民四十七年戊戌（公元一九五八）年，當選為特種第十四區黨部，第一屆委員會

委員。民四十九年庚子（公元一九六〇）年六月十六日，奉本黨特種第一黨部令（49）國智字第（0783）號令，協助臺灣省第二屆省議員暨臺北市四屆市長選舉，成績優異，核定記大功一次。民五十年辛丑（公元一九六一年）三月九日，接臺北師管區司令部紀皋字（352）號聘書，聘余為本師管區臺北縣少將級，後備軍人第十一小組副小組長。民五十一年壬寅（公元一九六二年），膺選為特種第十四區黨部，第五屆候補委員。民五十三年甲辰（公元一九六四）年九月三十日，接臺灣省軍管區司令部（53）帝常字第（333）號聘書，聘余為本管區將級，後備軍人通訊連絡，第十三小組副小組長。民五十五年丙午（公元一九六六）年三月，接奉本黨國軍退除役人員黨部委員會函：「郭斌同志，參加本黨革命大業，已逾三十載，歷經艱危，不屈不撓！奉行主義，服從組織，始終不渝；其葆愛革命歷史，堅持革命立場之精神，堪為全體同志之楷模，歲寒松柏，歷久彌新，良用佩慰！特頒資深同志紀念章乙枚，以示獎勉。」

民五十六年丁未（公元一九六七）年八月十日，奉上級黃建功（56）功行字第四八四五號函，中央遵奉總裁指示，為加強對曾在黃埔軍校肄業之匪軍幹部，及投匪之前國軍將領，實施指名廣播，特在中央廣播電臺專闢「國民革命」節目，並指定由本部及王師凱負責邀約將級同志擔任，務希積極策動所屬將級退役後同志，趁日參加，指名廣播工作，熱烈響應總裁號召，踴躍參加對投匪將領實施指名廣播，以副總裁期許。當即遵命向陳明仁、王耀武、唐生明三同學，在中央廣播電臺「國民革命」節目實施對上述三人廣播，其指播內容分列於後：

（一）中共五十五軍陳軍長明仁請注意：（重播一次）明仁副總司令長官，我是你以前的副官處處長郭斌，現在臺灣，借中央廣播電

臺「國民革命」節目的一些時間，來稱呼你這名稱，不是現在無法，無天！毀滅人性，愧對列祖列宗！！！毛賊澤東手下的匪偽五十五軍軍長，假使我敢冒不韙，稱呼你現在鐵幕的頭銜，不特我會受不了同學、同事、同鄉所不容，連我的祖宗與後代，都要蒙羞！這不是誇張過份，實在如此。因為一個人不能忘本，記得麼？三十七年你以副總司令長官，又奉命兼武漢警備總司令，當時要我一個人先去漢口接收警總事宜，並限余兩天接收全部業務，此種任務，是你有意試余辦事能力，該機構組織龐大事務又繁，一人接收，確實困難，但你給這種艱鉅任務，余只得努力去做，白天接收，晚上整理移交清冊，在兩天內，余如期完成使命，然後你派余為副官處處長，至第二年二月，你又奉命為第一兵團司令，並兼你的基本部隊二十九軍軍長，擁兵數十萬，集兵權於一身，政府及領袖蔣公對你的恩待，可謂超乎同學之上，那個時候，你又要我隨你到兵團部去充當副官處處長，所以我也樂於相從，有此一段的情緣，所以，今天亦就不得不提醒你，要珍惜校長蔣公視你為他一手栽培出來的剩餘無幾的一期黃埔畢業生，望你亦以關雲長「身在曹營，心存漢室」為例，希望你能做一個好榜樣。

現在我來談你關入鐵幕的前因後果，自兵團成立後，你因常在長沙與變節的程潛相處，難免受他的影嚮【響】！再你又受兵團部主任秘書溫太秫，及政工處處長吳相和等的唆使，你因一時舉旗不定，被拖落水！直至武漢淪陷時，你不得已為暫時權宜應變而靠攏，現時雖然你身為軍長，以我想，我們是黃埔前期學生，是校長蔣總統的信徒，匪黨一定不會親信你的！況且，你在四平街戰役是赫赫有名的將領，他們能原諒你嗎？現在你的生死權是操在人家手裡！在這充滿陰險詭詐惡毒的共產世界裡，料想你的心情總是不安，無時無刻都可能為待罪被殺的羔羊！！在大陸上，我們的同學都有這樣的心情，不止是你

一個，可是大部份已與我們反共人士結合在一起了，你亦不能不及早打算，以免後悔不及！！！明仁副總司令長官，請你聽我分析現勢，毛匪必滅，我們必勝，建國必成的道理：（1）毛匪獨裁黷武，殘暴以逞，大陸同胞久受剝削奴役，已忍無可忍，最近又藉「文化大革命」為名唆使無知「紅衛兵」為工具，排除異己大整肅，造成「黨內反毛」，人民反共，四分五裂，偽政權已全面癱瘓，而呈土崩魚爛狀態！由政治形勢證明，匪偽覆亡指日可期！（2）紅衛兵受毛匪利用，大陸全境到處造反，一般群眾，積極反抗，怠工，怠耕，破壞交通，及生產設備，大陸經濟陷於混亂，飢荒災害均隨之而來，由經濟情形顯示，匪偽崩潰已迫在眉睫；（3）毛匪迷信武力，肯定「槍桿子裡出政權」，素來視匪軍為自己護命之最後一張王牌，他絕情寡義，拉攏林彪，對於匪軍之「元老」朱匪德、賀匪龍，亦是他整肅的對象，於是有擁毛、反毛派系，你爭我鬥，形成各自割據局面，不久將由其武力作為他致命之毒箭，軍事形勢已暴露匪偽必定覆亡之信號；（4）毛匪為鞏固獨裁地位，和神化權威，不特反美，連他的老祖宗蘇俄，亦不惜全力攻擊，林匪彪又發表「人民戰爭勝利萬歲」謊言，鼓吹「世界農村，包圍世界城市」謬論，妄圖征服全世界，於是媚共的中立國家，迷夢多被其驚醒！現眾叛親離，外交孤立無援，由外交形勢觀之，匪偽滅亡，已在其命中註定了，以上匪偽政治、經濟、軍事、外交各種狀況，可以判明他消我長，只要我們反攻號角一響，將士用命，必能直倒匪穴，掃除一切妖魔─匪徒，請問你這位賢明的學長，是站在那一派，站在擁毛派，劉匪少奇要整你！站在反毛派，毛匪澤東要除掉你！你又不是匪邦的「元老」，不過是一個「國特」的同情者，你就是「元老」，亦會像朱匪德、賀匪龍、陶匪鑄、羅匪瑞卿、黃匪克誠、彭匪德懷、饒匪漱石、高匪崗等人，過去均為毛賊親密戰友，先後以反黨、反毛罪名，被整、被鬥！而你是「國特」的同情者，必定死無

葬身之地！！再你靠攏不久，你的功績遠不及朱、賀、陶、羅、黃、彭、饒、高等，其結果如何，不問而知。識時務者為俊傑，為自身安全及將來前途計，應即參加反毛反共行列，你絕對不要以為你是毛賊的同鄉，就有保障，如果是這樣想，你又患了鄉土主義與溫情主義，請問你靠什麼能得匪徒的支持？總言之，照黃埔同學來講，你是我的學長，照國民革命軍的系統，你是我的長官，你較我高明、能幹，無庸我多說，不過我希望你，重回國民革命陣營，將你現在所能掌握的武裝力量，為人民的反共、反毛作主力，作先鋒，與中華民國國軍相結合，將反毛鬥爭轉變為全面反共大革命，然後始可剷除毛匪獨裁專制之禍害，清掃共產主義之流毒，拯救大陸上億萬被殘害的同胞，建設全民共享太平福祉的三民主義之新中國。完了，祝你保重，再會。

（二）中共政協四屆全委會特邀委員兼政協文史資料研究委員會專員王耀武兄請注意：（重播一次）耀武學長，我是你的同學，又是過去與你同事的郭斌，現在臺灣發音，人是老了，但是聲音仍是不變的，想你聽了，亦不陌生吧。回憶民國十九年，我們在陸軍第一師第五團，我在第一營，你在第三營，我倆均是營長，當時我們經常在一塊交換敵情，就是共同勉勵如何效忠領袖蔣委員長，以救國救民為責志，說說笑笑，何等愉快！記得嗎？有一次行軍序列，先頭第二營，其次是我第一營，最後是你第三營，你說：老郭今天我抄你後路，我說：明天我就抄你後路，那個聲音，還在我耳朵中，那麼挑皮，那麼暢快又是那麼勇往直前，自由自在的氣慨，最後在重慶海關巷一號，你來拜訪戴先生時遇見你，我剛巧亦在該處，那時我與你開玩笑，拜託你在戴先生面前替我設法安插一工作，戴先生聽你說了就請你通知我去見他，你那時就到樓下要我上樓去見他，當時你說我服裝不整齊，我說彼此是同學沒有什麼關係，若不見他，又失了機會，我就隨

你上樓去見他，你才發覺我已在他處工作，使你不好意思。戴先生囑我代表他送你下樓時，你責備我開玩笑，開得太大，後來你回部隊去，從此我們失了連絡已整整三十年；到三十八年夏，我來臺灣，曾經多方面打聽你的消息，可是都無結果！這些年來，在臺灣的同學，常常聚會，每當談起你的時候，都有無限感慨，人事變遷真是可嘆！有一次聚會時，在第九分監負責的劉啟勛同學告訴大家，才知道你已經淪陷在大陸，並已充任偽職，起先我對這個消息感到有點懷疑，我不相信像你這樣一個革命幹部，會不堅持到底，會在中途離開陣營，但事實終歸是事實，你確是充任偽職，不過我在同學面前，還是為你辯護，說當時你被俘，已暗示你的部下冒充你的名字，聽說總共有五個王耀武，審問到你時，你受了重刑，破皮且暈過去，他們用冷水撥你，你對他們說，如此對待我，會引起破傷風，他們才知道如無高等知識者，則不懂，因此一句話，就證明你是真正的王耀武。

　起初我相信你失足必定有個人之苦衷，或是一時受了共匪謊言的欺騙，是不得已，而暫時權宜應變，當時你投靠毛匪時，誤想更可以救國救民，其實毛匪在他奪權鬥爭的過程中，首先他是以軍來整黨，然後以軍整政，第三步就是以軍整軍了，到了整軍的鬥爭激烈化的時候，凡是匪軍幹部，必將人人自危！人人都有被鬥之可能！！在這個動亂艱危的時候，想到你的處境，為了你的將來，在這兒我要好好的跟你談一談，第一他要試驗你有無效忠他的決心，他必定利用你為前驅，整肅你的親朋戚友，和你最親信的人，第二要使你四面受敵，孤獨無靠，非跟他做出無父、無君，禽獸的勾當，就無法活下去，這是匪共的手段！到了現在以軍整軍的時期，你的處境更是危險萬分！倘若你幸免於難，仍任現職，亦是暫時的，在你以為犧牲不少，在他們仍以你是中途投靠的動搖份子，是他們整肅的一大對象，一旦被他所

利用的小妖精—紅衛兵大字報宣佈你的罪狀，那就是你日暮途窮的時候了！你看紅衛兵在北平貼出大字報上，已經陸續點名攻擊共軍的高級將領了，如高崗、陶鑄、饒漱石、彭德懷、黃克誠、羅瑞卿、陳其通、蕭向榮等，過去均為毛賊親密戰友，先後以反黨、反毛罪名被整、被鬥，已經生死不明之外，去年派到軍中負責搞文化革命的劉志堅等人，據說也是什麼「反黨份子」了，曾經被毛匪封為元帥的朱德、賀龍等人，也被指為「升紅旗搖黑旗」的「兩面派」了，毛匪還在北平、蘭州等地逮捕你們很多高級軍官，一月十四號的「解放軍報」，又在社論裡公開說，在你們解放軍裡，還有一些領導幹部，是什麼「走資產階級，反動路線」的反動派，還說這些軍事幹部，是採取「兩面戰術」來反對毛澤東，這些事實，在蔣總統「告中共黨人書」裡，都清清楚楚的指出了。毛澤東口頭上掛著的什麼「馬列主義」、「階級鬥爭」、「文化革命」，實質上全都是毛澤東在黨內排除異己，互相傾軋權力的鬥爭，因為像朱德、賀龍、彭德懷、羅瑞卿等人，幾十年來為毛澤東立功，是全中國人民都知道的事，也是你們共軍弟兄最清楚的事，如果說像這些老資格的中共將領，都是所謂「反黨、反毛澤東思想」的反動份子，那麼一般共軍軍官，還有誰是毛澤東所謂的「最親密的戰友」呢？還有誰為毛澤東賣命立功之後而不被整、被鬥呢？還有誰安全有保障呢？！耀武兄，你的功績不如朱德、賀龍、彭德懷、羅瑞卿等，關係不如高崗、陶鑄、饒漱石、黃克誠、賀龍、朱德等，其結果如何，不問而知，難道你還不為自己打算打算，也許是我的過慮，說不定你早有了打算，早有了安排，今天不僅是我在關心你，你從前的老夥伴，也在關心你！我們的老校長蔣總統，更是非常關心你，而且還為你指出了一條大路。他老人家在去年雙十節的前夕，發表了一篇「告中共黨人書」裡面，有一段話是這樣說的：「實在說：我今日關懷你們的生命和前途，乃無異關切我們國家生命，和革命前

途一樣迫切，我今日誠懇的告訴你們，你們大家彼此所應該商量的第一件事，我以為莫過於是如何自救以救國的切身大事了！我更知道你們所要研究的這件大事，就是你們過去從事過的『三民主義──救國家，救民族，救社會，救群眾的國民革命』一條寬闊、平坦，擺在你們面前的大道，這是你們唯一可走的路子，亦是唯一可通的路子。我想，你們今後總不會再相信毛澤東思想的共產主義，是一個可以實現救國救民的主義了，在北伐時，你們在國民革命的事業上，做過不少工作，在抗戰時期，你們又在三民主義旗幟下，出過若干力量，只要你們大家幡然憬悟，齊心努力，突破『毛澤東思想』欺詐的騙局，推翻他的專制淫威，你們就可與我共同一致向救國、救民、救自己的最高目標前進！來完成我們國父孫中山先生的三民主義，國民革命的共同大業。」 蔣總統這一番話，是多麼的仁慈，多麼的誠懇，至今他仍念念不忘你的安危，和你的前途，你聽過這段話之後，能不深受感動嗎？

耀武兄，三十七年前，我們在校長蔣公領導下，是那麼親切、快樂，三十七年後，你在毛賊澤東指揮下，是這樣冷酷、無情，前後判若兩個世界，你正親臨其境，令人可嘆！我們多年同窗、同事，出生入死，可以說情如手足，現在卻要變成敵人，怎不使我內心的沉痛！我也曾想了再想，當政府反攻號令一下我們可能仍在老沙場上見面，尤其是我所敬愛的耀武兄你我見面時總不忍互相殘殺！必定會，亦應該會放下武器，互訴衷情吧！與其那時，不如現在，在此盪亂不安的大陸，紅衛兵小鬼子造反，他們的老祖宗劉少奇，尚且要清算，對於你無利用時，則更不用說了，何苦不乘此時機，來運用你現在的力量，來策劃倒戈，與大陸我們忠貞的戰友攜手並肩作戰，為大陸人民反毛、反共作主力、作先鋒，參加討毛反共，接受校長蔣公的號召，

裡應外合，收復河山，重光國土，拯救同胞，來得光明磊落！耀武兄：
共匪倒行逆施，違背天理，注定敗亡，時不再來，機不可失，猶豫遲
疑，模稜兩可，是貽誤終身，千萬要不得，至於兄之出處，我們的校
長蔣公總統，還在「告中共黨人書」中鄭重的提出，聲明作為對你們
具體承諾：蔣總統說：「在我們國軍大舉反攻之際，只要你們不與國
軍為敵，不加抵抗，而接應國軍就可以論功行賞，獲得國軍番號，享
受國軍同等待遇。蔣總統鄭重保證，如果你先行起義，只要你奉行中
華民國政府法令，和他在民國五十一年雙十節對共軍將士、共產黨幹
部、及黨員團員的「十條約章」實施，那我們政府，就立即承認你的
軍事與政治地位，以排、連、營、團、師、軍長，以及各地區司令委
任，並其功績晉升官級，同時賦予你所光復地區行政長官之權；如果
沿海一帶軍隊請求國軍援助，蔣總統可以在六小時之內，立即派大軍
馳援，與你們並肩作戰！

耀武兄：希望你把蔣總統的話，以及他老人家提出的保證，好好
的打算一番，回到三民主義的革命行列來，我們的校長蔣公，是這樣
的慈善，又和藹，對中共黨人尚且如此寬厚待之，何況你是他的學生，
他一定視你為一隻迷途的羔羊，更加愛護你，原諒你，不信麼？試看
反共義士棄暗投明，悔悟來歸的劉承司、李顯斌、李才旺等，除了獲
得很好的職位外，且已成家立業，並已生男育女，享受天倫之樂。他
們現在在臺灣個個得到政府優渥待遇，自由自在生活著，足供你們的
參玫【考】，何去何從？望你再三思之，為了對你的關切，我特地講
了上面一段話，希望你早作明智抉擇，萬勿執迷自誤！再會。

（三）中共政協四屆全委會特邀委員唐生明，和徐來大嫂請注意：
（重播一次）生明兄，久違了，我是郭斌，四十一年前，我們在黃埔
母校同在一起接受三民主義的國民革命教育朝夕聆聽校長蔣公的諄諄

教誨，生明兄：抗戰時，你在湖南常德當警備司令，勝利後我到上海，先後蒙你和嫂夫人殷勤招待，感激莫名！有一次陳代表祖康兄請我們倆吃飯，因你我有很多天未見面，在握手時，我內心感到非常高興，握緊了一點，把你的手握脫了節，不久就腫起來，害你不能拿筷子吃飯，實在抱歉！第二天晚上，你偕嫂夫人到杜美路七十號看戴先生時，手上還裹著紗布，戴先生問你為什麼傷了手，你據實告訴他，他馬上叫我到他辦公室要我向你道歉，往事歷歷，我想你一定還記得！三十五年，我回重慶主辦復原，三十六年我到西北，三十八年來臺灣，已有十多年，這些年來，我們在臺灣的同學和同事，常常聚會，如陳祖康、程克祥等，每當談起你的時候，都有無限感慨！自從跟你失去連絡之後，我曾經多方面打聽你的消息，可是都沒有結果；到最近才知道你在匪政協四屆全委會當特邀委員，起先我對這個傳聞，感到有點懷疑，我不相信，像你這樣有血氣的革命幹部，黃埔學生，會不堅持到底，會中途變節！離開革命陣營，但事實終歸是事實，你的確是做了匪偽委員，你要知道，在我證實這個消息之後，我的內心是如何沉痛！我在夜裡作夢，也曾經罵你，我們多年同窗同事，如今我們卻要變成了敵人，你說我怎能不痛心？不過，我在同學面前，還是常常為你辯護，說你所以那樣做，我相信你失足必定有不得已之苦衷，要不是由於你的個性率直天真，或一時受了共產黨的謊言欺騙，可是經過這些年來，我一直都很惦念你，尤其是在現階段，眼看到共產黨所作所為，毛澤東狂妄暴虐專制，所加給人民的種種，以及他整肅鬥爭異己的殘酷手段，我想你早該認清毛澤東那幫人的嘴臉，打心裡覺悟起來！當共產黨內部奪權鬥爭最激烈的時候，我深怕你被捲入了漩渦，遭到整肅的惡運！因為，我們分析毛澤東在他奪權鬥爭最激烈的過程中，首先他是以軍來整黨，然後以軍整政，第三步就是以軍來整軍了，到了整軍的鬥爭激烈化的時候，凡是共軍的幹部，必將人人自

危，人人都有被鬥到的可能！

在這個動亂艱危的時候，想你的處境為了你將來，在這兒我要好好的跟你談一談：（1）「毛澤東思想」已澈底破產，毛酋「個人迷信」，亦被共幹拆穿；（2）歷年來共匪暴政，已引起大陸人民普遍怨恨與反抗，隨時可能爆發全民反毛反共大革命；（3）匪偽黨政軍各級幹部普遍反毛，共幹反毛勢力雄厚強大，毛酋集團在共匪內部成為少數派；（4）高崗、賀龍、朱德、陶鑄、饒漱石、彭德懷、黃克誠、羅瑞卿等，過去均為毛澤東親密戰友，先後以反黨、反毛罪名被整被鬥，你的功績不如饒漱石、彭德懷、黃克誠，關係不如羅瑞卿、陶鑄、賀龍、朱德等，其前途結果如何？不問可知，生明兄：看看他們想想自己，無論擺功勞，講關係，你都比不上朱德、彭德懷等，他們同毛澤東的關係吧！那麼你的前途如何，就可想而知，毛澤東就是這樣一個忘恩負義反覆無常的大壞蛋！！跟著毛澤東混到頭來總會逃不掉被一腳踢開！被一棍子打死的下場的！！識時務者為俊傑，為了自己目前的安全，以及將來的前途，你都應當馬上同毛澤東一刀兩斷，何況反毛反共是大陸全民一致的立場，你更應該當機立斷，向反毛反共人民靠攏，為國家民族立下不朽的功勳；（5）毛酋只顧一小撮人之權位，實行獨裁專政，不惜與全黨、全民、全軍為敵。

生明兄：你現在是他們的政協四屆全委會特邀委員，你了解的情況，一定比我知道的更廣泛，更深入，尤其是近半年來，毛澤東為了挽救他已經完全破產了的「個人迷信」，不惜孤注一擲，掀起了跡近瘋狂的「文化大革命」，弄得整個大陸充滿了腥風苦雨！無論是當年長征的老幹部也好，大功臣也好，甚至毛澤東的親密戰友也好，都慘遭整肅，被鬥垮了！難道你還不為自己打算？也許我過慮，說不定你早已有了打算，早有安排，今天不僅是我在關心你，我們的校長　蔣

總統，更是非常關心你，而且還為你指出一條大路，他老人家在去年雙十節的前夕，曾發表了一篇：「告中共黨人書」裡面，有一段話是這樣說的：「實在說，我今日關懷你們的生命和前途，乃無異關切我們國家生命，和革命前途一樣迫切，我今日誠懇的告訴你們，你們大家彼此所應該商量的第一件事，我以為莫過於是如何自救，以救國的切身大事了！我更知道，你們所要研究的這件大事，就是你們過去從事過的『三民主義─救國家，救民族，救社會，救群眾的國民革命』一條寬闊平坦，擺在你們面前的大道，這是你們唯一可走的路子，亦是誰一可通的路子。我想你們今後總不會再相信毛澤東思想的共產主義，是一個可以實現救國救民的主義了？在北伐時，你們在國民革命的事業上，做過不少工作，在抗戰時期，你們又在三民主義旗幟下，出過若干力量。只要你們大家幡然憬悟，齊心努力，突破『毛澤東思想』欺詐的騙局，推翻他的專制淫威，你們就可與我共同一致向救國、救民、救自己的最高目標前進，來完成我們國父孫中山先生的三民主義國民革的共同大業。」校長蔣總統這一番話，是多麼的仁慈，多麼的誠懇，至今他仍念念不忘你的安危和你的前途。你聽過這段話之後，能不深受感動嗎？蔣總統又說：「希望中共黨政軍幹部，摒棄毛澤東暴政，一再鄭重宣示，不是敵人便是同志。」「只要你們誠信相孚，不與我國民革命軍為敵，你們共產黨團員，每一個人都是我們的同志，對你們必如過去戰友一樣，一視同仁，決無彼此厚薄之分。」今年元旦文告，又提出號召，希望大家一致討毛救國，我希望與你們再像抗日作戰時期一樣，共同攜手，聯合一切反毛力量，推翻毛澤東的暴政統治，為重建自由、平等、博愛的新中國而奮鬥。

　　生明兄：無可否認，在大陸淪陷前夕，在政府裡頭，在國軍當中有許多不如人意的事；但是，這一切一切，我認為都是給我們革命軍

人的一種考驗，我們儘管對政府有意見，對社會現實不滿，但是，我們身為革命軍人，身為校長蔣公苦心培育托付大任的革命幹部，我們要對人民負責，要對國家民族負責，要對歷史負責，國家遭逢大變，革命遭遇挫折的時候，假如我們革命幹部都亂了陣腳，首先棄甲而去，我們的革命還有什麼前途？國家還有什麼希望？何況那僅是短暫的現象，是革命進程中必然遭遇的困難；只要我們把持得住，渡過難關，一定可以成功的。當我們跟隨蔣總統到臺灣來，決定從頭做起的時候，國際形勢非常險惡，處處都對我們不利，一些眼光短視的人，以臺灣這一個彈丸之地，能夠做些什麼呢？可是，我們做成功了，奇跡出現了！十幾年來，在蔣總統正確的領導，和仁慈偉大的感召下，政府上下勵精圖治，軍民克勤克儉，自力更生，把一個危險的局面，整個扭轉過來了！現在的自由祖國，不僅擁有最強大、最現代化三軍武力，作為反攻大陸最有力的保證，同時也把臺灣建設成一個三民主義的模範省，人民個個豐衣足食，自由安樂；我說這些話，主要是告訴你革命事業，不怕挫折，只要擔當革命任務的人忠貞不二，堅定不移，最後一定會成功的。

生明兄：校長蔣公所說的話，是對你們最可靠的保證，他對中共黨人，尚且如此寬厚待之，何況你是他的學生，他一定視你為一隻迷途的羔羊，更加愛護你，原諒你，不信嗎？試看反共義士棄暗投明悔悟來歸的劉承司、李顯斌、李才旺等，除了獲得很好的職位外，且已成家立業，並已生男育女，享受天倫之樂。他們現在臺灣，個個得到政府優渥待遇，自由自在的生活著，足供你的參攷【考】，何去何從？請兄鄭重考慮，並請你及早覺悟，回頭是岸！

這十幾年來，臺灣在英明的校長蔣公領導下，勵精圖治，已建設成為標準的三民主義模範省，人民安居樂業，社會經濟繁榮，這種

鐵的事實，已為全世界所有來臺參觀人士一致公認，絕對不是共匪反宣傳所可抹煞，更不是鐵幕再用欺騙手腕，可以一手遮天，永久瞞人耳目的！現在臺灣是世界的反共燈塔，全世界都認清了共匪的猙獰面目，敵愾同仇，大張撻伐！所以，第一次世界反共聯盟，就於今年夏天在臺灣舉行，這一股宏大的反共力量，不久就要跟著我們英勇的國軍登上大陸，直搗匪巢，弔民伐罪，解救七億水深火熱中的苦難同胞！最後我引述國防部蔣部長經國對中共軍官兵弟兄講過的話，來結束我今天對你的談話，蔣部長說：「反毛不分你我，反共不分彼此，我們將和你們聯合起來，並肩作戰！用我們共同的力量，結成推翻毛賊極權，保衛民族獨立，和人民自由的偉大力量。」祝你善自珍重，並請好自為之，再會。

　　民五十七年戊申（公元一九六八年），一月十三日，接國防部情報局葉翔之局長聘書，（57）甸安（一）字第七十二號敦聘余為本局「中美特種技術合作所誌編審委員會」委員。民五十八年己酉（公元一九六九年），五月十三日，接國防部情報局葉局長，以（58）蘇德（一）字第四零四三號聘書，敦聘余為「戴雨農先生傳記編審委員會」委員，即日生效。除有關編撰事宜，另行定期開會研討外，敬請查照。

後記與憶述

POSTSCRIPT
AND
MEMORIES

余自獻身黨國，忠心耿耿，矢志不二，臨難不苟，處事秉公，絕對服從命令！自覺本身之優點：個性剛直，喜抱不平，不畏強暴，惟自省缺乏涵養，往往因直諫開罪於人，為本身唯一缺點。至於特長，素愛機械，喜歡研究，一本生性，刻苦耐勞之本質，時加學習，故對各種汽車之駕駛，皆能勝任愉快，並考取交通部公路總局，發給中華民國職業汽車駕駛人執照，職業字第四八五零二一號執照乙枚。志趣：（包括人生觀，及反攻大陸後希望作何工作）。人生以服務為目的：是犧牲，不是搶奪，是要勞作，不是要享受，不是役人，乃役於人。余基於此，今生極願貢獻殘軀，一本過去主張，為黨國繼續努力，至反攻大陸後，國家畀予何項工作，只余能力所能勝任者，無不接受，盡責、盡力以赴事功。

對國家民族及本黨當前展望：吾國有五千餘年之文化歷史，復有四億五仟萬優秀之民族，歷盡不少之危難，無不力挽狂瀾於不墮！自由戰勝奴役，公理戰勝強權，此乃天演不易之理，此次反共抗俄革命第三任務，勢必完成。至於本黨，鑒於大陸失敗之教訓，重加改造，注意基層組織，深入民眾活動，以親民、愛民為號召，化民眾力量為本黨力量，則吾黨前途，無可限量。不久國軍跨臺灣海峽反攻大陸，青天白日旗順長江而淹全流，三民主義隨義師展佈全國，凱旋歸去，重新建立富強康樂之新中國，當可計日而待也。參加何種社會政治、宗教、團體經過及活動，余數十年來戎馬倥傯，獻身黨國，對宗教性團體，素不感興趣，時間與空間亦不容許，除非奉有特別任務，偶而參加，亦是臨時達到目的而中止；復思余椎心泣血，而抱憾終天者，厥為先祖父、母、及先父、母撫我育我，罔極深恩！在戎馬倥傯時，無暇奉養，今欲報而親已逝，不孝之罪，百身莫贖！！

且自家鄉陷匪後，因不孝禍及全家，匪幹指余為「國特」、為

「戰犯」，二弟及叔父、母、堂弟、暨已嫁之同胞姊、妹親屬等大小三十餘口，始則「掃地」出門，繼則分別迫害，或生或死，皆不得而知！最可痛者，先君逝世，不能返里奔喪！亦不知骨埋何處！！人間慘痛？莫此為甚！！！所謂樹欲靜，而風不息，子欲養，而親不待，蒼蒼者天，曷其有極？執筆至此，欲哭已無淚？！此仇不報，何以為人？今者唯一希望，即能追隨領袖早日反攻大陸，消滅萬惡共匪，告祭亡親在天之靈！以報親恩於萬一，而無忝所生耳。

余妻陳氏，原名素青，別號芬，乃福建省，龍巖縣，西門內上井頭，南市巷，陳府，系出望族陳金洲公之長女，童年時聰明伶俐，得其叔父之寵愛，隨赴星島，至民國二十年始返故鄉，斯時余因參加討伐閻、馮戰役，彈中胸部，奉命在杭州調養，因便回家省親，當時故居距縣城十華里之外山鄉，常受匪共騷擾，遂將先祖父、先慈暨弟等遷至城中南市巷「通慶堂」祖祠定居，與陳芬小姐隔鄰，正期從此侍奉先祖父、先慈等，安享晚年，不料短短數月，先祖父先棄養，旋先慈、四弟又相繼去世，余遭此不幸，寢食難安，傷後殘軀日益衰弱，終日悶悶不樂！至翌年春，經父老等介紹陳小姐，得其父母同意，遂成眷屬。後因共匪作亂，大家紛紛逃避，余遂偕內子及三弟，離開家鄉至杭州，與軍校四期同學解培冥之妻涂亦珍共住於望仙橋牛羊司巷，家眷安置妥當，即返軍中服務，參加剿匪，數月後，因傷後體力較弱，遂又吐血，無法繼續工作，奉准仍赴杭調養，並得吾妻細心照料，才得早日恢復健康。至二十二年，復蒙胡師長介紹至戴雨農先生處，並請其畀余較輕鬆工作，余遂攜眷由杭遷南京，在鷄鵝巷公館工作，在洪公祠巷內住家，數月後，又奉命調余往杭州警官學校特訓班充當副官，遂又攜眷赴杭，住於上倉橋同慶里。

至二十四年夏，長子在杭出世，余先後共生五男、一女，均以出

生地取名，故長子取名杭生，譜名奕中。次子在南京，取名京生，從小夭折。三子在宜昌，取名宜生，譜名奕華。四子在重慶，取名慶生，譜名奕揚。五子在香港，取名港生，譜名奕威。長女在香港九龍，取名龍生。目下兒女均已長成，並已分別成家，均能自立。長媳張慶娟、三媳蘇鳳芝、四媳蔡月明、五媳楊旭香。長女龍生，適施慶嘉，兒女亦先後生下子女，生平之願已足。

緬懷余妻自歸余後，因余身許黨國，參與剿匪，戡亂，抗戰時赴香港工作，乃隨余轉輾南北，數十年來，顛沛流離，歷盡奔波，備嘗中饋之苦！其賦性賢淑，心懷仁慈，教育兒女，從不施以鞭撻，惟以身教、言教範之，尤對課讀，督之匪懈，其於家務則更無分鉅細，事必躬親，內外井然有序，於是余得以專心工作，而無內顧之憂。當時余之長官、友好、同事莫不譽余妻之賢也。已而民二十六年二月，神州扳盪時，余服務於委員長武漢行轅第三科中校股長，時值首都告急，余妻乃先攜兒女往宜昌，待三兒宜生分娩後，即赴渝，諸凡家居安頓，以及子女就學等事，悉賴余妻一人獨撐艱難；以其肆應有方，安排得當，使余在工作上，得以安心為黨國効勞。不料其因操勞過度，每次生產，又無法安適靜養，體質日形衰弱，至三十年冬，在香港九龍天文臺道家中生下長女龍生時，適遇日寇攻打香港，未滿一週，即行逃難往廣州，經順德抵市橋達九江，偷渡四會，向清遠、英德至曲江，往桂林飛抵重慶不久，初患血崩，後導致卵巢生瘤，嗣經駐院醫治，並經周大夫手術後，雖告痊癒，但不幸又為頭痛所苦，雖經常延醫診治，始終無法痊癒；以迄於今，仍為宿疾所困。

回憶余妻自隨余離鄉背井，三十餘載，余因工作忙碌，未能陪其返里省親，先岳父、母棄世，亦無法返里奔喪，以盡孝思！而其始終無怨言，對余生活調護，無微不至！尤以民五十年一月十六日，余為

鼻咽癌所困，幾至不治，後經臺灣大學附設醫院診治，照以鈷六十，在院經過七十三天，偃臥在床，朝夕陪伴，細心扶持，衣不解帶！彼信仰佛教，在佛前許願，將其壽數減去十年給余，希望余多活十年，並每年農曆二月吃素一月，朝夕燒香誦經禮佛，迄至於茲。此種舉動，實使我感激涕零！再家事縈心，兒女勞累，極盡顛沛之苦，仍難獲片刻將息，以致頭痛宿疾，無法根治；且伊只望余健康，自己不自珍養，仍照常操勞，不稍休息；余念其賢勞，感其捨己助余，謹述之以謝余妻之患難與共也。

綜上所述，余自獻身黨國，其能忠心耿耿，矢志不渝，臨難不苟，且樂於助人者，此皆幼年仰承先祖、先祖妣，暨先君、先妣教忠、教孝，諄諄訓誨有以致之也。迨進入黃埔軍校後，又蒙校長蔣公及各位師長精神感召之薰陶，乃奠定余至大、至剛、處事秉公，及絕對服從，貫澈命令之良好基礎。畢業後，復得胡宗南、戴雨農兩位學長之啟迪，故能淬勵奮發，勇往直前；因之半生戎馬，竭智盡忠，其能善盡匹夫之責，且對國家民族稍有貢獻，並獲鄉黨朋儕輩交相推譽者，決非倖致！！奉准假退役後，政府獎勵勛勞，又蒙畀余為臺灣省政府交通處公路局簡任顧問，願一本忠誠，服務黨國，期能早日光復大陸，拯救億萬同胞於水火，重振萬里河山，更望子孝孫賢，兄友弟恭，妯娌和睦，克紹箕裘，繁衍勿替，務使群策群力，發揚祖德之幽光，光耀門庭。造福桑梓，澤被生民。為國家民族作更進一步之努力，奠國基於永固，位躋富強，使生民均得樂利，則吾願足矣。

中華民國五十八年歲次己酉五月完成此稿以留給兒孫紀念

Since deciding to dedicate myself to the Kuomintang and my country, I have remained loyal, with unwavering determination, fearless in the face of challenges, fair in my dealings, and obedient to orders. I am aware of my own strengths: a forthright personality, a passion for fighting against injustice, and fearlessness in confronting power and violence. However, I acknowledge that my bluntness can often offend others by being too direct, which is a shortcoming of mine. As for my special skills, I have always been interested in machinery and I enjoy exploring and researching. It always brings me joy to learn how to drive different types of vehicles. I even have a professional driver's license (License No. 485021) issued by the Highway Bureau. My aspirations (including outlook on life and what I hope to do after recovering the mainland): The purpose of life is to serve: to sacrifice, not to exploit, to work, not just for pleasure, not to be served, but to serve others. Based on this, I am fully committed to devote the rest of my life to continue to serve as I did in the past. If ever the mainland is recovered, I'm ready to take on any task assigned to me, as long as I'm capable, fulfilling my duties to the best of my abilities.

Here are my expectations for our country, nation, and the Kuomintang: With a cultural legacy stretching back over five thousand years and a population of four hundred fifty million outstanding people, China has weathered numerous crises, consistently demonstrating resilience and maintaining its strength! The enduring truth is clear: freedom will defeat slavery, and justice will overcome power. It is imperative to complete the third mission of anti-Communist and anti-Russian revolution. As for our Party, we must take learnings from past failures in mainland China and undertake reform and restructuring. This involves paying attention to grassroots organizations, actively engaging in people's lives, fostering closeness and affection with the people, and obtaining their support to strengthen the Party. Then our Party's future will be bright and limitless. I hope when the National Army crosses the Taiwan Strait to counterattack the mainland, the "Blue Sky and White Sun" flag shall be raised along the Yangtze River. The Three Principles of the People shall spread throughout the mainland, starting a prosperous, strong, and joyful new era for China. I am counting down the days when it happens. In terms of my involvement in religious, social, political, and other groups or activities, my primary focus has always been about serving in the army, the Kuomintang, and the country for decades. I have neither the time nor the interest to take part in any activities, unless it's part of the mission. My deepest regret in my life, which brings me to tears, is that I cannot fulfill my responsibility as a son. I am grateful to my grandparents and parents for raising me, and I can never repay them. Throughout my entire military career, I had no time to properly care for them. Now with the desire to spend quality time with them, they have passed away. I can never forgive myself.

After our hometown fell into the hands of the Communist bandits, my whole family was imprisoned because of my association with the Kuomintang. The Communist Party cadres slandered me as a "Kuomintang special agent" and a "war criminal" and persecuted more than thirty of my family members: my younger brother, mother, uncle, aunts, cousins, sisters (including their children), and other relatives. They were initially driven out of their homes and then persecuted separately. Whether they are alive or dead, remains unknown! The most painful part is that when my father passed away, I could not return home for his funeral, nor did I know where his remains were buried! There is nothing more painful than this! It's like the Chinese saying: "The tree wishes to stay still, but the wind keeps blowing; the son wants to serve his parents, but they are no longer around." Alas! My grief goes so deep that I'm all out of tears. It truly makes me reflect on the meaning of life and question my worth as a human being. A real man is sure to pursue revenge! Now my only hope is to follow the Leader (President Chiang) to counterattack the mainland as soon as possible, to eliminate all evil Communist bandits, and pay tribute to the spirits of my deceased parents and relatives! This is the only way I can think to repay my parents for giving birth to me.

My wife's surname is Chen. She was originally named Su-ching, and Fin was her nickname. She lived in the Chen residence, Nanshixiang (South Market Lane), Shangjingtou (above the well), Ximennei (Inside the West Gate), Longyan County, Fujian Province. Miss Chen was the eldest daughter of Mr. Chen Jingzhou, a member of an elite local family. Since childhood, she had been exceptionally intelligent and was favored by her uncle. She accompanied her uncle to Singapore to do business and returned to her hometown in 1931. That year, I fought in the Central Plains War and got shot in the chest during the battle at Liuhe Station. While I was waiting for recovery in Hangzhou, I took the opportunity to go home and visited my family. At that time, our old house was in Waishan (outer mountain) Township, five kilometers away from the county seat, and the area was often harassed by Communist bandits. So, I relocated my grandfather, mother, and younger brothers to live in the "Tongqingtang" ancestral hall in South Market Lane in the county. The ancestral hall was right next to Miss Chen's family home. I hoped to provide care for my grandfather and mother so they could enjoy their later years. Unexpectedly, my grandfather passed away after a few months, followed by my mother and fourth brother. The pain of loss was overwhelming, and I had trouble sleeping and eating. My health, already weakened by my injury, deteriorated further, making me depressed constantly. The following spring, I met Miss Chen through the introduction of local elders, and got her parents' consent to marry her. Later, amidst the turmoil caused by the Communist bandits, everyone was forced to flee. I took my wife and third brother to Hangzhou from our hometown and went to Niuyangsi Lane, Wangxian Bridge. We stayed with Tu Yizhen, the wife of Xie Peiming, a fourth graduating upper classmate at the Whampoa Military Academy. Once our family was settled, I immediately returned to the army and participated in the encirclement campaigns to suppress the Communists. However, a few months later, due to my weakened physical condition after being injured, I began vomiting blood again and was unable to continue working. I was granted permission to go to Hangzhou for recovery. Thanks to my wife's careful nursing, I was able to recover smoothly. In 1933, I was introduced by Hu Zongnan, my division commander, to work for Mr. Dai Li. Hu also asked Dai to assign me an easier job. Thus, I took my family from Hangzhou to Nanjing, where I worked in the Ji'e Alley Mansion and lived in Honggong Temple Lane. A few months later, Mr. Dai transferred me to the special training class of Hangzhou Police School as an adjutant. So, I took my family to Hangzhou again and settled in Tongqingli, Shangcang Bridge area.

During the summer of 1935, our eldest son was born in Hangzhou. We had five sons and one daughter, all named after their places of birth. Thus, our eldest son was named Harng-Shen, and the formal name in the family genealogy book was "Yizhong." Our second son was born in Nanjing, named Jing-Sheng, who died in infancy. Our third son was born in Yichang, Hubei Province and was named Yi-Sheng with the formal name "Yihua." Our fourth son was born in Chongqing, named Ching-Sheng (Robert), with the formal name "Yiyang." Our fifth son was born in Hong Kong, named Kang-Sheng (Eddie), with the formal name "Yiwei." Our daughter was born in Kowloon, Hong Kong, named Lung Shen (Kathy). Currently, our children have all grown up and have married. They all are able to support themselves independently. Our daughters-in-law are, in the following order: the eldest Ching-Chuan (Jean), the third Feng Tzu (Susie), the fourth Yueh-Ming (Anne), and the fifth Hsu Hsiang (Susan). Our daughter, Lung Shen, married Mr. Ching Chia (C.C.) Shih. We are also blessed with wonderful grandchildren, and my lifelong wish has been fulfilled.

Reflecting on my wife's life since she married me, she had always been by my side through every journey, enduring a restless life full of challenges. Because I devoted myself to the Kuomintang and the country, I was tasked to participate in the Suppression of the Communist Campaigns, and later, I was assigned to be in Hong Kong for missions during the Anti-Japanese War. During those years, she followed me through numerous relocations across the north and south, traveled across the country, and went through a lot of tough times! My wife is kind and compassionate. When it comes to teaching our children, she never used physical punishment. Instead, she showed them the right way through her actions and explained patiently with words. She was very demanding about their studies and made sure the children knew it was a priority. As for taking care of the house, she kept close attention to all the chores. She did everything herself and maintained our home in order. Because of my wife, I could focus on my work without worrying about the family. During that time, my superiors, friends, and colleagues all praised my wife for being good at managing the family. In February 1937, I held the position as the lieutenant colonel section chief in the third department in the Mobile Barracks of High Command at Wuhan. At that time, the capital was in a state of emergency. So, my wife took the children to Yichang first, where she waited to give birth to our third son. After the birth of Yi-Sheng, she took all the children to Chongqing to join me. She single-handedly managed everything from moving the family and getting settled in, managing the household, and taking care of the children's schooling. Because she dealt with everything in an orderly and efficient manner, it allowed me to focus on serving the Kuomintang and the country without any worries. Unfortunately, due to excessive hard work and the inability to rest properly after each childbirth, her health gradually deteriorated. Furthermore, in the winter of 1941, right after my wife gave birth to our daughter, Lung Shen, at our apartment on Observatory Road in Kowloon, Hong Kong, the Japanese army invaded Hong Kong. Less than a week later, our entire family immediately left Hong Kong for Guangzhou, arriving at Shiqiao via Shunde, then to Jiujiang, then smuggled into Sihui, Qingyuan, Yingde and Qujiang. After arriving in Guilin, Guangxi Province, we took a flight to Chongqing. Shortly after arriving in Chongqing, my wife suffered from metrorrhagia, which later developed into an ovarian tumor. She was hospitalized and underwent surgery by Dr. Zhou. Although she recovered, she unfortunately suffered from persistent headaches. Despite seeking medical treatment regularly, she never fully recovered. And to this day, she still struggles with this chronic illness.

Looking back, it has been over thirty years since my wife and I left our hometown. Due to my busy work schedule, I have never been able to go back with her to visit her family. Even when her parents passed away, we could not go back to attend the funeral to mourn! Yet, she never complained and took great care of me in every possible way, especially after I was diagnosed with nasopharyngeal cancer on January 16, 1961, and nearly died. I underwent cobalt 60 treatment at the Affiliated Hospital of National Taiwan University. During my seventy-three days in the hospital, my wife stayed by my side and diligently took care of me day and night. She had very little sleep and sometimes even forgot to change her clothes. As a devout Buddhist, she made a wish to the Buddha, pledging to exchange ten years of her own life to extend mine. She also vowed to eat vegetarian food for one whole month every year in the lunar month of February, along with burning incense, chanting sutras, and worshiping the Buddha day and night, continuing to this day. Her actions moved me to tears and made me beyond grateful! Furthermore, she was constantly overwhelmed with family responsibilities, took care of our children, and often was so busy that finding time to rest was almost impossible. As a result, she suffers from chronic headaches that never seem to go away. She cares more about my health than her own, neglects her own well-being, and still works long hours without rest. I appreciate her hard work, tireless efforts, and sacrifices made for me and our entire family. I want to express my heartfelt gratitude to my wife for always being by my side through thick and thin.

In summary, my dedication to the Kuomintang and the country, my strong determination, my courage in tough times, and my willingness to help others, all stem from the good upbringing provided by my grandparents and parents. They particularly emphasized loyalty to the nation and Chinese filial piety. Upon joining the Whampoa Military Academy, I was inspired by the spirit of the Chief-Commandant, Lord Chiang Kai-shek, and all the teachers, who taught me to be honorable, fair, to uphold justice, obedient, and adept at following orders. After graduating, I was encouraged and inspired by my two mentors, Hu Zongnan and Dai Li. They taught me to always strive and move forward courageously. I spent most of my life in the military service, using my wisdom, and remaining loyal to my duties. I've received recognition and praise from friends and fellow villagers as a result of my contributions to the military and my nation. I didn't get this far by luck for sure. After I was allowed to retire from the army, the government recognized my commendable service and appointed me as a senior consultant to the Highway Bureau of the Department of Transportation, Taiwan Provincial Government. My hopes now are, first of all, to maintain my loyalty to the Kuomintang and the country, continue to contribute; and to recover the mainland as soon as possible to save hundreds of millions of people in turmoil, and revive the country. In addition, I do hope that my descendants will be filial to their parents, act with virtues, live in harmony with their siblings and their spouses, and show respect to each other. I hope they will inherit the cause and traditions of their ancestors, continue to have and raise children, learn to cooperate and honor the legacy of our ancestors, bringing honor to the Kuo family. Moreover, I hope that my descendants will contribute to the welfare of our community and its people, striving for the advancement of our nation. May our nation establish a strong and lasting foundation, bringing happiness and prosperity to all its citizens. Then my life will have had a purpose.

In the fifty-eighth year of the Republic of China (1969), I completed this manuscript in May as a gift to my descendants.

附錄

- 郭斌將軍年表
- 郭氏家族三代譜系表

CHRONOLOGY OF GENERAL KUO PIN

GENEALOGY TABLE OF THREE GENERATIONS
OF THE KUO FAMILY

郭斌將軍年表

1905 年 / 清光緒 31 年	生於清光緒 31 年（乙巳），農曆 5 月 24 日未時，生於福建省龍巖縣，內江山社外山鄉下寨祖宅。
1910 年 / 清宣統 2 年 / 5 歲	啟蒙於鄉里家塾
1917 年 / 民國 6 年 / 12 歲	讀畢四書五經，獨於春秋左傳最感興趣。
1919 年 / 民國 8 年 / 14 歲	受新式教育，習英文，算術，縣立模範小學插班畢業，旋即升學福建省立舊制第九中學肄業。 在廈門秘密加入中華革命黨
1924 年 / 民國 13 年 / 19 歲	夏，南洋公學中學部畢業，潛赴廣州，準備投考黃埔軍校以資深造。先入教導團第二團、二營、六連李連長處充任上等兵。

1926 年 / 民國 15 年 / 21 歲	考入黃埔軍校步科第五期，編入學生第一大隊第二中隊。 考入黃埔陸軍軍官學校入伍生受訓時，蒙張慎階連長介紹重新入黨。
1927 年 / 民國 16 年 / 22 歲	由黃埔乘福安運輸艦往上海，改乘京滬火車抵南京陸軍軍官學校，8 月 15 日由校長蔣公親臨主持畢業典禮。畢業後，分發至龍潭下蜀一帶之陸軍第二十二師，旋即派往該師六十五團一營三連任少尉見習排長之職（16 年 8 月至 17 年 8 月）。
1928 年 / 民國 17 年 / 23 歲	8 月，調生陸軍第一師第四團任中尉排長（17 年 8 月至 18 年 10 月）。 其父郭發榮逝世，享年 52 歲
1929 年 / 民國 18 年 / 24 歲	10 月，調升陸軍第一師第五團第一營朱營長鼎深之第三連任上尉連長，駐紮徐州九里山營房（18 年 10 月至 19 年 1 月）。
1931 年 / 民國 20 年 / 26 歲	認識南京丹鳳街楊芳小姐，經其父母同意，許定終身，於南京中央飯店舉行婚禮。同年，楊芳身懷六甲，勞累過度，忽告流產血崩逝世。 數月後，與星島歸來之陳芬小姐相識，相處數月，彼此性情及志趣均相投，並得其父母同意，遂成眷屬。

1932 年 / 民國 21 年 / 27 歲	偕妻陳芬、三弟柏昌赴杭州，安置好家眷後傷癒歸隊，參與皖西一帶剿匪行動。
	5 月，升任陸軍第一師第五團少校營長（21 年 5 月至 22 年 1 月）
	經胡宗南介紹結識戴笠，進入軍事委員會調查統計局第二處事務股任少校科員（21 年 9 月至 24 年 4 月）。
1933 年 / 民國 22 年 / 28 歲	10 月，戴笠兼任浙江省警官學校政治特派員，攜眷隨戴笠前往該校任副官。
1935 年 / 民國 24 年 / 30 歲	4 月，升任軍事委員會調查統計局第二處事務股中校股長（24 年 4 月至 27 年 5 月）。
	農曆 6 月 9 日日正午，長子郭杭生（譜名奕中）於杭州仁濟醫院出生。
1936 年 / 民國 25 年 / 31 歲	農曆 9 月 17 日凌晨 6 時，次子郭京生於南京三道交井巷內家中出生。
1937 年 / 民國 26 年 / 32 歲	2 月，任國民政府軍事委員會委員長武漢行營第三科中校股長【根據〈郭斌〉，《軍事委員會委員長侍從室》，國史館藏，典藏號：129-070000-0615 所示，擔任此職的時間是 27 年 6 月至 28 年 1 月】。
	農曆 12 月 13 日上午 8 時，三子郭宜生（譜名奕華）於湖北宜昌寬仁醫院出生。

1938 年 / 民國 27 年 / 33 歲	10 月，奉命將軍事委員會調查統計局漢口辦事處遷往長沙。
	11 月，戴笠命其將張學良遷往貴州修文縣。
	次子郭京生抵渝不久，因患傷寒兼痢疾無法救治，至冬歿於重慶市。
1939 年 / 民國 28 年 / 34 歲	1 月，升任軍事委員會調查統計局上校科長（28 年 3 月至 31 年 1 月）
	從宜昌乘船抵達重慶
	戴笠下令 8 月 9 日前，將軍事委員會調查統計局遷入重慶羅家灣辦公。
	全家遷住龍隱鄉五靈觀居住
	農曆 10 月 20 日凌晨 5 時，四子郭慶生（譜名奕揚）於重慶歌樂山中央醫院出生。
1940 年 / 民國 29 年 / 35 歲	擔任特務處成立八周年紀念大會籌備委員
	9 月，為加強海外聯絡工作，戴笠率其偕家眷飛往香港，實地勘察佈置，在九龍柯士甸路經營客來門酒店作為掩護，化名黃國賓在港展開任務。
	農曆 11 月 7 日午後 5 時 1 刻，五子郭港生（譜名奕威）於香港養和醫院出生，由於其在香港使用化名，無法取得英政府出生證。

1941 年 / 民國 30 年 / 36 歲	農曆 11 月 23 日上午 9 時，長女郭龍生於香港九龍天文臺道家中出生。
1942 年 / 民國 31 年 / 37 歲	1 月，升任軍事委員會調查統計局少將設計委員兼局本部總務處處長之職（31 年 1 月至 32 年 5 月）。 【榮升少將時間係根據〈郭斌〉，《軍事委員會委員長侍從室》，國史館藏，典藏號：129-070000-0615 所示，與回憶錄內容有所出入。】 任職於軍事委員會運輸統制局水陸交通監察處的三弟郭柏昌（譜名鴻毅），因感染肺疾於重慶歌樂山中央醫院治療半年無效，於 4 月 2 日凌晨 6 時 30 分逝世。三弟生前對三兒宜生特加寵愛，臨終時，允將宜生為他穿麻帶孝，作為螟蛉子，永傳一脈。
1943 年 / 民國 32 年 / 38 歲	5 月，擔任財政部貨運局處長（32 年 5 月至 33 年） 11 月，中華民國、美國、英國三國領袖在埃及開羅召開會議，戴笠命其隨蔣中正前往參加會議，協助林蔚護衛工作（20 日上午 7 時出發，28 日返國）。
1944 年 / 民國 33 年 / 39 歲	接任中美技術合作所少將總務組組長一職
1945 年 / 民國 34 年 / 40 歲	4 月 3 日，蔣中正蒞臨檢閱中美技術合作所，由其隨侍左右並向領袖解說。 抗戰勝利後，9 月 11 日，戴笠命其與沈維翰、何龍慶、黃加持、龔仙舫等前往上海設立軍統辦事處，其為上海辦事處總務組組長。

1946 年 / 民國 35 年 / 41 歲	3 月 17 日，追隨多年的長官戴笠因搭乘的座機在南京近郊撞山失事亡故。
	12 月 2 日凌晨，其奉命於重慶白土驛機場搭乘中國航空公司專機，將張學良押運至臺灣，送往臺灣軍統局人員準備好的北投招待所。
1947 年 / 民國 36 年 / 42 歲	3 月，入中央訓練團黨政訓練班三十期受訓一個月，畢業後，調國防部部員。
	7 月，出任寶雞警備司令部稽查處少將處長。
	9 月 25 日，獲四等雲麾勳章一座。
1948 年 / 民國 37 年 / 43 歲	4 月，獲陸海空軍甲種一等獎章一座。
	奉調武漢警備總司令部副官處少將處長
1949 年 / 民國 38 年 / 44 歲	2 月 25 日，陳明仁總司令調任第一兵團司令，兼二十九軍軍長，其亦隨任該兵團副官處少將處長，主管人事、機要、總務等業務。
	4 月，以送家眷返原籍安置為由，獲准事假三個月，於是攜眷離長沙到廣州，候船來臺。
	5 月 18 日，從廣州乘船抵達高雄，翌日乘火車北上，先寄居友人家，經數日即覓妥杭州南路二段三十四巷住家後，即向臺北保密局報到。
	8 月，奉派為保密局設計委員會少將設計委員。
	來臺歸隊後，在特種黨部歷任小組長。

1953 年 / 民國 42 年 / 48 歲	向國防部報請准予志願假退役。
1954 年 / 民國 43 年 / 49 歲	3 月 1 日,奉國防部令准予退役,結束 27 年軍旅生涯【自民國 16 年黃埔軍校畢業後算起】。 退役後,由行政院國軍退除役官兵輔導委員會輔導至臺灣省政府交通處公路局任顧問,以簡任四級支領薪津。 任特種第一黨部直屬第一區分部第一小組小組長。
1955 年 / 民國 44 年 / 50 歲	自該年起至民國 46 年止,當選為特種第一黨部,第三支黨部,第一區分部,第七、第八、第九、第十、第十一、第十二等屆,除第十一屆為候補委員外,其餘五屆,均當選為委員會委員。
1956 年 / 民國 45 年 / 51 歲	奉國防部頒發證字第一一七六五二號戰士授田憑據一枚。
1958 年 / 民國 47 年 / 53 歲	當選為特種第十四區黨部,第一屆委員會委員。
1961 年 / 民國 50 年 / 56 歲	1 月 16 日,檢查出罹患鼻咽癌,在臺灣大學附設醫院診治,照以鈷六十,在院 73 天。 3 月 9 日,接臺北師管區司令部紀皋字(352)號聘書,聘為本師管區臺北縣少將級,後備軍人第十一小組副小組長。
1962 年 / 民國 51 年 / 57 歲	膺選為特種第十四區黨部,第五屆候補委員。

1964 年 / 民國 53 年 / 59 歲	9 月 30 日，接臺灣省軍管區司令部（53）帝常字第（333）號聘書，聘余為本管區將級，後備軍人通訊連絡，第十三小組副小組長。
1967 年 / 民國 56 年 / 62 歲	8 月 10 日，奉上級黃建功（56）功行字第四八四五號函，為加強對曾在黃埔軍校肄業之匪軍幹部，及投匪之前國軍將領，實施指名廣播，特在中央廣播電臺專闢「國民革命」節目。
1968 年 / 民國 57 年 / 63 歲	1 月 13 日，接國防部情報局葉翔之局長聘書，(57) 甸安（一）字第七十二號，敦聘為該局「中美特種技術合作所誌編審委員會」委員。
1969 年 / 民國 58 年 / 64 歲	5 月 13 日，接國防部情報局葉翔之局長，以（58）蘇德（一）字第四零四三號聘書，敦聘為「戴雨農先生傳記編審委員會」委員。 5 月 24 日，於臺北木柵柏園完成《祖德光輝與余革命生平》
1973 年 / 民國 62 年 / 68 歲	3 月 22 日（農曆 2 月 18 日）下午 5 時 58 分，郭斌將軍病逝於臺大醫院，享年 68 歲。

CHRONOLOGY

of General Kuo Pin

1905	Born on May 24 in Longyan County, Fujian Province.
1910, age 5	Started attending old-style private school.
1917, age 12	Started learning the Confucianism's Four Books and Five Classics. He was particularly interested in *The Commentary of Zuo on Spring and Autumn Annals.*
1919, age 14	Enrolled in elementary and junior high schools with modern curriculum, and studied subjects such as science, arithmetic, and English.
	Secretly joined Sun's Chinese Revolutionary Party (re-established later as Kuomintang) in Xiamen (Amoy).
1924, age 19	After graduating from Nan Yang Public School in the summer, General Kuo went to Guangzhou to apply for the Whampoa (Huangpu) Military Academy.

1926, age 21	Admitted as a student in the fifth graduating class of the military academy.
1927, age 22	After graduating from the Whampoa Military Academy, he was assigned to the 22nd Division of the Army as a second lieutenant trainee platoon leader.
1928, age 23	In August, General Kuo was transferred to lieutenant platoon of the Fourth Regiment of the First Division. Kuo Fa-jung, General Kuo's father, passed away at the age of 52.
1929, age 24	In October, General Kuo was promoted to captain and company commander of the First Division.
1931, age 26	During the battle at Liuhe Station, General Kuo was shot in the chest and seriously injured. While recuperating from his injuries, General Kuo married his first wife Yang Fang in Nanjing, who passed away after a miscarriage. A few months later, General Kuo was introduced to Chen Fin by relatives and friends, who had just returned from Singapore. After dating a few months, General Kuo and Chen Fin were married.
1932, age 27	Moved to Hangzhou with Chen Fin and brother then joined the Suppression of the Communist Campaigns. In May, General Kuo was promoted to major and battalion commander of the First Division.

1933, age 28	Through the introduction by General Hu Zongnan (the commander of the First Division), General Kuo met Dai Li, and then joining the *Juntong*. In October, General Kuo became Dai Li's adjutant.
1935, age 30	In April, General Kuo was promoted to Lieutenant Colonel and section chief of the second department of the *Juntong* (until May, 1938). On June 9 at noon, his eldest son, Harng-Shen, was born in Hangzhou, Zhejiang Province.
1936, age 31	On September 17 at 6am, his second son, Jing-Sheng, was born in Nanjing at home.
1937, age 32	In February, General Kuo served as section chief of the Mobile Barracks of High Command at Wuhan. On December 13 at 8am, his third son, Yi-Sheng, was born in Yichang, Hubei Province.
1938, age 33	In October, the *Juntong*'s Hankou branch commander ordered General Kuo to go to Changsha, Hunan Province. In November, Dai Li ordered General Kuo to move Zhang Xueliang to Xiuwen County, Guizhou Province. His second son, Jing-Sheng, died in Chongqing in the winter due to typhoid fever and dysentery.

| 1939, age 34 | In January, General Kuo was promoted to Colonel.

Dai Li ordered General Kuo to move the headquarters to Luojiawan, Chongqing before August 9.

On October 20 at 5 am, his fourth son, Ching-Sheng, was born in Chongqing's Central Hospital. |
| 1940, age 35 | General Kuo was responsible for the 8th anniversary celebration of the establishment of the Secret Service, the predecessor of the *Juntong*.

In September, General Kuo used Huang Kuo-pin as alias and flew to Hong Kong with his family to expand overseas liaison and intelligence tasks (by operating a hotel as a cover).

On November 7 at 5pm, his fifth son, Kang-Sheng, was born in Hong Kong. Because General Kuo used an alias in Hong Kong, no birth certificate was obtained. |
| 1941, age 36 | On November 23 at 9am., his daughter, Lung Shen, was born in Kowloon, Hong Kong. |
| 1942, age 37 | General Kuo was promoted to Major General and Director of the General Affairs Department of the Headquarters in January.

General Kuo's third brother, Po-chang, who also served in the *Juntong*, died in Chongqing on April 2 due to lung cancer. |

1943, age 38	In May, General Kuo was transferred to the post of director of the Freight Bureau of the Ministry of Finance.
	Under the order of Dai Li, as a special security detail, General Kuo accompanied Chiang Kai-shek and his wife to Cairo, Egypt to attend the Cairo Conference between China, the United Kingdom, and the United States.
1944, age 39	General Kuo served as the general affairs team leader for Sino-American Cooperative Organization (SACO).
1945, age 40	On April 3, General Kuo accompanied Generalissimo Chiang Kai-shek to inspect the SACO and special police training class.
	On September 11, Dai Li, General Kuo, and other senior cadres went to Shanghai to set up a *Juntong* branch before the National Government returned its capital to Nanjing.
1946, age 41	On March 17, General Kuo was devastated after learning of Dai Li's death who he built a close relationship with. Dai Li had taken a flight from Qingdao to Nanjing for inspection, but the plane crashed in the suburbs of Nanjing due to poor weather conditions.
	In the early morning of December 2, General Kuo was ordered to take a special plane operated by China Airlines to escort Zhang Xueliang from Chongqing to Taiwan, and send him to the Beitou Guest House prepared by the *Juntong* Taiwan branch.

1947, age 42	In March, General Kuo attended the Party and Government Training Class of the Central Training Corps.
	In July, he served as Major General Director of the Inspection Division of Baoji Garrison Command.
	On September 25, General Kuo was awarded the Order of the Cloud and Banner for his contributions to the country.
1948, age 43	In April, General Kuo received the Medal of the Armed Forces for his achievements.
	General Kuo served as the director of the Adjutant's Office of the Wuhan Garrison.
1949, age 44	On February 25, General Kuo was transferred to the First Army Corps along with Chen Mingren and served as the director of the Adjutant's Office of the Army Corps.
	In April, General Kuo took three months' personal leave on the pretext of sending his family back to his hometown, and brought his dependents on board from Guangzhou to Taiwan.
	In May, General Kuo went to Taipei and reported to the Counterintelligence Bureau.
	In August, General Kuo was appointed as a major general design member of the Design Committee.
1953, age 48	General Kuo applied to the Ministry of Defense for provisional retirement and was approved.

1954 to 1967, age 49 to 62	On March 1, General Kuo officially retired, ending his twenty-seven-year military career which began in 1927.

General Kuo transitioned from military status to consulting capacity under the Highway Bureau of the Department of Transportation.

During his retirement, General Kuo contributed his time by serving on the National Military Retired Officers and Soldiers Counseling Committee. He also stayed active on various local Kuomintang committees. |
| 1961, age 56 | On January 16, General Kuo was diagnosed with nasopharyngeal cancer. He was treated with Cobalt 60 and was hospitalized for 73 days at the National Taiwan University Hospital.

On March 9, Taipei Division Area Headquarters appointed General Kuo as the deputy team leader of the 11th Group of Reserve Soldiers at the major general level in Taipei County. |
| 1967, age 62 | On August 10, General Kuo recorded a radio program on the Central Broadcasting System (now Radio Taiwan International) to appeal to Chen Mingren, Wang Yaowu, and Tang Shengming, to turn against the Communist regime. All three of them were General Kuo's Whampoa classmates and were later captured by or defected to the Chinese Communists in the civil war. |
| 1968, age 63 | On January 13, General Kuo joined the editorial committee to publish the History of SACO for the Military Intelligence Bureau. |

1969, age 64	On May 13, General Kuo was appointed by Director of the Intelligence Bureau of the Ministry of National Defense as a member on the Dai Li's Biography Editorial Committee.
	On May 24, General Kuo completed his manuscript *My Revolutionary Life* in Cypress Garden, Kuo Residence, Muzha District, Taipei City.
1973, age 68	On March 22 at 5:58 pm, General Kuo passed away at the National Taiwan University Hospital.

郭氏家族三代譜系表
Genealogy table of three generations of the Kuo family

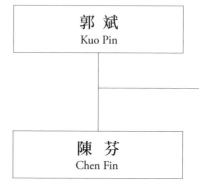

郭 斌
Kuo Pin

陳 芬
Chen Fin

郭杭生 Harng-Shen Kuo		郭慧怡 Jenny
張慶娟 Jean Kuo		郭文俊 Steve
		郭文砥 Thomas
郭京生 Jing-Sheng Kuo		
郭宜生 Yi-Sheng Kuo		郭文達 Paul
蘇鳳芝 Susie Kuo		郭文豪 Peter
郭慶生 Robert Kuo		郭文傑 Jack
蔡月明 Anne Kuo		郭文誠 Vincent
郭港生 Eddie Kuo		郭慧筠 Barbara
楊旭香 Susan Kuo		郭慧琪 Angel
郭龍生 Kathy Shih		施德琍 Lily
施慶嘉 C.C. Shih		施德威 David

國家圖書館出版品預行編目 (CIP) 資料

祖德光輝與余革命生平：郭斌將軍回憶錄 = My
revolutionary life : reminiscences of general Kuo Pin
/ 郭斌原著；楊善堯編著 . -- 初版 . -- 新北市：喆閎人文
工作室 , 2024.04
　面；　公分 . -- (時代人物；5)
ISBN 978-986-99268-5-0(精裝)

1.CST: 郭斌 2.CST: 軍人 3.CST: 傳記

783.3886　　　　　　　　　　113005147

時代人物 5

祖德光輝與余革命生平：郭斌將軍回憶錄
My Revolutionary Life: Reminiscences of General Kuo Pin

喆閎人文

創 辦 人 / 楊善堯
學術顧問 / 皮國立、林孝庭、劉士永

原著 / 郭　斌
編著 / 楊善堯
翻譯 / 廖彥博
校對 / 郭慧筠、方慧芯
設計 / 泰有藝術有限公司 曾泰翔
排版 / 吳姿穎

出版 / 喆閎人文工作室
地址 / 242011 新北市新莊區中華路一段 100 號 10 樓
電話 / +886-2-2277-0675
信箱 / zhehong100101@gmail.com
網站 / http://zhehong.tw/
Facebook / https://www.facebook.com/zhehong10010

初版一刷 / 2024 年 04 月
定價 / 新臺幣 NT$ 550 元
ISBN / 978-986-99268-5-0
印刷 / 秀威資訊科技股份有限公司